Inter

4

I lettori che desiderano informarsi
sui libri e sull'insieme delle attività della
Società editrice il Mulino
possono consultare il sito Internet:

www.mulino.it

Edoardo Lombardi Vallauri
Giorgio Moretti

Parole di giornata

il Mulino

ISBN 978-88-15-25976-9

Indice

D

E

F

G

H

I

K

L

M

N

O

P

U

V

Z

Prefazione

Vecchie conoscenze

Le parole sono vecchie conoscenze. Nel senso che sono vecchie: di solito la forma in cui le conosciamo ha diversi secoli, ma se teniamo conto che una parola in realtà è sempre lei anche nel suo parziale modificarsi per suoni e significato, hanno millenni di storia. In un certo senso, le lingue passano ma le parole restano. Non parliamo più latino, ma davvero diremmo che *tetto* sia una parola diversa dal latino *tectum*? No, continuiamo a pensare di avere sulla testa la stessa cosa. E *padre* è forse una parola diversa dal latino *pater*? Certo, è cambiata un po', ma chi di noi non cambia? No, la parola è la stessa di duemila anni fa, e anzi è la stessa di quattromila anni fa, quando i nostri ignoti progenitori parlavano un idioma indoeuropeo che solo in parte sappiamo come funzionasse, ma in cui certamente i figli menzionavano il proprio genitore, e lo chiamavano qualcosa come *pətér*.

Le parole sono vecchie conoscenze anche nel senso che sono nostre conoscenze da lungo tempo. Non è facile ricordarsi di quando si è incontrata per la prima volta una parola; l'impressione è di conoscerle quasi tutte da sempre, da che abbiamo memoria. Sono compagne di una vita.

Eppure, non le conosciamo bene. Forse qualcuna sì, ma molte no. Ad esempio, tutti sappiamo che possiamo *stiracchiarci*; ma quanti si sono mai abbandonati a una liberatoria *pandiculazione*? E quando qualcuno cerca di cavarsela, o addirittura di ammaliarci, ripe-

tendo formule vuote di cui in realtà ignora il significato, ci rendiamo conto che rasenta lo *psittacismo*? Quando avremmo voglia di spaccare tutto, chissà se non ci consolerebbe e non ci farebbe sentire nobilitati il vederci come un eroe omerico preso da furia *pantoclastica*.

Qualche volta due parole ci sembrano significare la stessa cosa; ma non è mai veramente così. Ad esempio, i lettori di questo libro incontreranno la differenza tra il prosaico, pratico *transitorio* e il filosofico, assolutissimo *transeunte*. O quella tra il vasto e un po' ostentato *magnanimo* e il più concentrato e composto *longanime*. E quella tra lo spontaneo *solleticare* e l'esperto, financo astuto *vellicare*.

Spesso una parola significa diverse cose, ma noi la usiamo sempre in uno solo dei suoi significati. Ormai *studio* ricorda a tutti soltanto l'attività di studiosi, studenti e scolari, fatta di lettura, comprensione, memorizzazione; eppure potremmo benissimo usare la stessa parola per designare un impegno pieno di passione, o un coinvolgimento emotivo, una passione *tout court*. E perché limitarsi all'uso di *informare* come 'dare informazioni', se questo verbo significa anche 'dare forma', 'plasmare', 'indirizzare secondo la propria tendenza'? Quanti, fuori dalle professioni forensi, sanno che *distrarre* non significa solo distogliere l'attenzione, ma anche sottrarre somme di denaro?

In altri casi usiamo tutti i significati della parola, ma non ci rendiamo conto di ciò che li unisce, del senso originario e più profondo da cui derivano i singoli usi concreti. Chiamiamo *stadio* il luogo dove si affrontano le squadre di calcio, ma anche il grado di avanzamento di un processo che ha più fasi: «A che stadio è il vostro progetto?». Non essere consapevoli che questi due sensi derivano entrambi da una misura di lunghezza dell'antica Roma (lo *stadium*) significa usare uno stru-

mento senza conoscerlo. Oppure, un *campione* è sia un pezzetto di qualcosa che si esamina per sapere come è fatto il resto (un campione di stoffa), sia un insieme di individui statisticamente bilanciato e rappresentativo (il campione ISTAT), sia, più imprevedibilmente, un asso dello sport o di qualche altra competizione, o anche chi anticamente si ergeva a difensore di una nobile dama, oggi più probabilmente di una nobile causa: il campione degli oppressi. Non capire perché questi sensi diversi possono essere coperti dalla stessa parola è come guidare una macchina senza sapere perché cambiando marcia il motore cambia rumore e velocità, o come giocare a tennis senza sapere che la racchetta ha quel tipo di risposta perché è composta di un intreccio di fibre di carbonio. Lo fa solo il dilettante che la chiede in prestito a un amico per provare a sedurre una ragazza appassionata della terra rossa.

Ma ci sono parole la cui polisemia è ancora più pronunciata. Lasciamo ai lettori il compito di individuare il centro semantico comune a queste accezioni di *grana*, apparentemente ben poco imparentate fra loro:

1) la grandezza degli elementi in cui si suddivide un insieme: *stoffa*, *metallo a grana sottile*, *fine*, *minuta*; *a grana grossa* ecc.;

2) guaio, intoppo, seccatura: *il guasto alla macchina è una grana che proprio non ci voleva*;

3) denaro: *senza grana non si compra niente*;

4) formaggio prodotto nella bassa pianura padana, tipicamente da grattugiare: *una forma di grana*.

Questo libro non è un dizionario. I dizionari ci sono già, e la funzione di informare sulle parole la svolgono già loro. Questo libro vuole soprattutto intrattenere e vuole farlo partendo dall'intelletto e dalla cultura. Infatti, che cosa potrebbero mai essere l'in-

telletto e la cultura senza quella porta d'accesso che sono le parole? Potremmo pensare, senza le parole? Avremmo certo vaghe sensazioni e pungenti evidenze, ma riusciremmo a ricordarle? Potremmo mettere in relazione l'uno con l'altro concetti senza un nome, confrontarli, *trasmetterli* agli altri perché ci aiutino a farli progredire? Comunicare e ragionare diventerebbero poca cosa. La cultura, poi, *è fatta* di parole. Sia quella scientifico-matematica, sia quella umanistica, esistono perché le cose sono passate dal semplice stare-lì-nel-mondo al ricevere nomi da noi umani. Il fatto che ci siano entità che si avvicinano sempre senza mai toccarsi sarebbe forse rappresentato in modo approssimativo da qualche elemento qua e là nella realtà fisica, ma se la matematica non avesse elaborato la parola *asintotico* (che troverete in queste pagine) per isolare questo concetto da tutti gli altri, esso non farebbe parte del bagaglio culturale dell'umanità. E l'idea (che potrebbe sembrare quasi frutto di fantasia) di un'espressione verbale usata per distinguere gli amici dai nemici, gli *insiders* dagli *outsiders*, potrebbe mai caratterizzarsi nel modo epico e doloroso che le conferisce la storia, esposta in questo libro, della parola *shibboleth*?

La conoscenza delle parole è dunque conoscenza del mondo e di noi stessi. È condizione per la nostra piena maturità come esseri umani. La migliore conferma di questo è il *piacere* che dà. Padroneggiare una parola è come padroneggiare uno strumento utile: dà lo stesso senso di giustezza raggiunta che proviamo per un colpo ben eseguito con la racchetta da tennis, o per un dosaggio perfetto di vodka e tabasco nel *Bloody Mary*. La destrezza dà piacere. La padronanza dà piacere. La conoscenza dà piacere. Nel calare la parola giusta al momento giusto, e a dire il vero già nel *sapere come usarla*, si prova piacere.

Ebbene, questo libro serve a *godersi le parole*. I moltissimi accessi al sito *unaparolaalgiorno.it* stanno a dimostrare che ci sono molte persone a cui questo modo di conoscere le parole piace. Il dizionario fornisce informazioni certe sul significato, l'origine e gli usi delle parole, ma lo fa in modo asciutto ed essenziale. A volte in modo così sintetico, e seguendo convenzioni così formalizzate, da respingere il profano, o comunque da non attrarlo.

E allora, partendo dall'ispirazione che ha dato vita al sito, si è pensato di fare un «racconto di parole», per dare corpo a ciò che altrimenti esisterebbe solo come informazione virtuale, da evocare a video una parola per volta. Grazie a questo libro non solo gli appassionati del sito, ma molte altre persone potranno tenere in mano, tutte insieme e sensibilmente arricchite, le descrizioni di 264 parole italiane scelte fra le più interessanti e le più frequentate. Non sono molte, rispetto alle migliaia che usiamo ogni giorno, alle decine di migliaia che conosciamo, e alle ancora più numerose che la storia della nostra lingua ha portato a esistere. Ma soddisfare la curiosità su alcune, ha l'effetto di insegnare «come si fa» con quelle che gli somigliano. Formandosi un'idea di quello che accade in un certo numero di parole significative, si impara come le parole sono strutturate e funzionano in generale: insomma, si diventa buoni indagatori e maneggiatori di tutte le altre.

Proprio in questa prospettiva pratica, ciò che attrae nei discorsi che ogni giorno Giorgio Moretti propone su *unaparolaalgiorno.it* è che ogni parola è affrontata, anzi, vissuta, dal punto di vista del profano, di colui che le parole non le esamina ma le usa in modo spontaneo; dell'utente, dunque, e non dello studioso del linguaggio. E anche se è diventato un utente che sa dove mettere le mani per accertare la consistenza di ciò che vuole dire, Moretti non ha perso lo sguardo incuriosito e divertito, a volte affascinato, a volte anche frivolo e irresponsabile, di colui che guarda alle parole della sua lingua come a una fantasmagoria di possibilità, non un'altra cosa dalla vita, ma accadimenti della vita.

In effetti, usare una parola è un piccolo evento quotidiano, come bere un caffè, scambiare uno sguardo con uno sconosciuto sull'autobus, cogliere il sole che traspare nelle fronde di un albero a primavera. E come degli altri accadimenti godiamo o soffriamo benché non abbiano un'etimologia, così possiamo godere o soffrire dell'uso, da parte nostra o di un altro, di una parola. Come il caffè può essere buono o cattivo anche se non siamo degli studiosi che riferiscono quelle qualità organolettiche a precisi dosaggi di sali e valori di pH, così una parola può esser buona o cattiva anche senza che la analizziamo in maniera pienamente scientifica. Basta assaporarla.

Solo che le parole, a differenza delle cose concrete, sembrano avere una sorta di benedizione, di miracolo a loro favore, perché, se immaginiamo di usarle... sono tutte buone. Cioè, quale che sia la loro connotazione, quale che sia la piacevolezza o sgradevolezza intrinseca della porzione di realtà che designano, usarle bene è sempre un piacere. La ragione è che mentre la realtà quando è negativa ci può danneggiare, le parole sce-

gliamo noi di metterle nei nostri discorsi, e una parola dolce di senso e di suono come *irenico* ci è utile e ci soddisfa, se sappiamo usarla a proposito, tanto quanto una parola aspra e ostile come *discrasia*, quanto l'oscuro e distante *allòtropo*, o quanto il goffo e spiacevole *lutulento*. Dipende solo da che cosa vogliamo dire, e da come vogliamo dirlo. Tutte fanno al caso nostro, tutte ci servono come attrezzi flessibili e docilissimi.

Se le sappiamo usare, s'intende. La falce, che nelle mani del contadino esperto permette l'azione elegante e potente di cui si deliziava il tolstojano Konstantin Levin, nelle mie mani è ingombrante, goffa e pericolosa. Ebbene, anche le parole diventano goffe e pericolose in bocca a chi non le sa usare. Sapersi servire delle parole è una delle condizioni che rendono la nostra vita piacevole, e più realizzabili le nostre aspirazioni. Quindi, alla fine, questo libro non serve solo a divertirsi. Serve a migliorare nel maneggio di 264 docili, splendidi strumenti. E – per analogia – nel maneggio di tutti gli altri strumenti simili. Le cose a cui fare attenzione per usare bene queste 264 parole finiranno per entrare nella mente del lettore, e per renderlo molto bravo a sentire come ci si comporta con una parola in generale, come se ne comprendono il significato e le potenzialità.

Insomma, non solo impareremo parole nuove che non conoscevamo prima, ma anche quelle che credevamo di conoscere riveleranno pieghe nuove, e le conosceremo meglio. Così realizzeremo che *affettato* non è una sola parola ma sono due; come in fondo anche *pistolotto*, nato una prima volta sobriamente da *epistola*, ma poi in un certo senso rinato più comicamente da *pistola*; capiremo perché *corrusco* non significa minaccioso e corrucciato, ma luminoso e splendente; o

perché *scafato* pur essendo sinonimo di *navigato* proviene sì da questioni navali, ma solo passando attraverso metafore leguminose; che un *manutengolo* non è un addetto alla manutenzione, ma chi «tiene mano» a malviventi, cioè un complice. E *mannaro*, che da attributo del lupo lo qualifica semplicemente come umano, nelle nostre mani creative si approprierà anche dell'altro senso associato all'idea del licantropo: ne nascerà il coniglio mannaro, che vena di gaiezza le nostre paure. Così *libertino* può scrollarsi la banalizzazione del suo significato, che lo ha imprigionato nell'ambito sessuale, per lasciarsi usare di nuovo nel senso di 'persona che pensa con la sua testa', attribuitogli dai *philosophes* illuministi. Di *intrigante* torniamo a scoprire che accanto al simpatico significato aggettivale preso dall'inglese, come sostantivo possiamo usarlo per designare persone assai meno simpatiche. Di *linciare*, *maramaldo* e *boicottare* apprendiamo che tanto la parola quanto il concetto sono dovuti a personaggi storici precisi, che dettero a quelle azioni particolare visibilità. E scopriamo che descrivendo un appetitoso cannolo o una cassata alla siciliana come ancora *intonsi*, ai più colti facciamo piuttosto venire in mente... un libro, appena stampato e non ancora letto da nessuno. Tipi diversi di ghiottoneria.

Oppure, a tutti servirà sapere che *energumeno* più che robusto vuol dire violento, ma che è ragionevole lo slittamento di senso, visto che essere robusti rende capaci di maggiore violenza. E sarà meglio ricordarsi che dire *àvatar* come nel film hollywoodiano fa violenza a questa antica parola indiana, la cui pronuncia corretta è, da millenni, *avatàr*. Impariamo anche che *obbiettivo* sarebbe forma grafica più regolare e coerente dell'ormai prevalente *obiettivo*, e che questa parola è il recupero a opera di dotti di quella latina da cui, in bocca

ai parlanti comuni, usurandosi foneticamente giorno per giorno, si è prodotta la parola popolare *oggetto*, onde il derivato *oggettivo*.

Il punto di vista dell'utente, qui adottato, è diverso dal punto di vista dello studioso. La sua attenzione coglie aspetti diversi da quella del professionista, che non si cura di domande come «Quanto mi è simpatica questa parola?»; «Come suona?»; «Che stati d'animo mi procura?»; «Che cosa mi ricorda?»; «Faccio bella figura se la uso?». Ecco allora che nel paragone fra *vuoto*, *inutile* e *inane*, la somiglianza di significato non impedisce di accorgersi che l'ultima è parola rara, estranea ai più, e dal suono meno duro, più delicato. Ma anche che nel comunicare questa tranquillità, distanza e delicatezza, finisce per esprimere l'idea di vana vuotezza in modo ancora più inappellabile. Oppure che *ambaradàn* è adatta a designare – diciamolo – un gran casino, non solo perché in origine è il luogo di una battaglia (e le battaglie, si sa, difficilmente si svolgono in maniera ordinata), ma anche perché evoca eventi fuori controllo con un rimbalzare di suoni degno di un crollo di casseruole dal ripiano alto dell'armadio di cucina. *Bailamme*, pur provenendo da tutt'altra origine, le si avvicina. Certo non è da specialisti preoccuparsene, ma non per questo è meno vero che risulta difficile prendere sul serio una parola come *elucubrazione*: insomma, viene proprio voglia di usarla in senso ironico o francamente comico; come *luculliano*, *bizzeffe*, *fricchettone*, *pantagruelico* e *maramaldo*.

Si potrebbe continuare ad anticiparne i contenuti, ma ovviamente è meglio leggere il libro. Che ha due anime, come due siamo Moretti ed io. Lui l'innamorato delle parole, che si lascerebbe andare a inni *lisergici* (si veda la parola!) in cui il termine da descrivere è poco più di un pretesto; io lo specialista preciso e a

volte pedante, che vorrebbe veder sopravvivere sulla pagina scritta solo ciò che ha il carattere della verità. Conscio dello scopo dell'opera, ho cercato di trattenermi il più possibile dall'ostacolare la vena del mio socio, dal censurare la sua ispirazione, e, nel vostro interesse, spero di esserci riuscito.

Ogni lemma è seguito dalla sua sillabazione, dal significato (S) e dall'etimologia (E).

EDOARDO LOMBARDI VALLAURI

A

abbrivio
ab.brì.vio
S Spinta iniziale che una nave o un veicolo riceve dai suoi mezzi di propulsione.
E Dal provenzale *abrivar* 'mettersi in movimento', forse da collegare all'ipotetico termine gallico *brivos* 'forza'.

Quando una nave inizia a muoversi, i suoi propulsori devono vincere un'immensa inerzia. Pensiamo alle vele che gonfiandosi tirano avanti gli alberi immobili, ai rematori che faticano sulle loro leve per trasferire allo scafo fermo l'energia delle braccia, ai motori rombanti tesi al massimo della potenza senza che nulla, per lunghi momenti, si muova. Tale spinta è l'abbrivio: difficile da imprimere, ma poi per lo stesso motivo quasi inarrestabile.

Questa spinta non riguarda solo i natanti: ad esempio, l'auto con la batteria a terra, per partire, ha bisogno di un certo abbrivio. E figuratamente, un'idea o una tendenza prende l'abbrivio quando, partendo con difficoltà, poi si slancia in maniera gagliarda; e durante il secondo tempo della partita, un cambio di giocatori può dare abbrivio alla squadra che nel primo aveva stentato a ingranare.

Sì: su molti dizionari si legge *abbrivo*, non *abbrivio*, essendo la prima la forma classica, e più fedele all'originale provenzale. Ma *abbrivio* ormai ha preso... l'abbrivio, ed è adesso decisamente più comune: l'infrazione di una consuetudine può anche essere il principio di una consuetudine nuova.

acchito
ac.chì.to
S Nel biliardo, posizione del pallino all'inizio del gioco, e anche inizio con un colpo che metta le palle in una posizione svantaggiosa per l'avversario.
E Dal francese *acquitter*, propriamente 'acquietare', da *quitte* 'libero', 'quieto', a sua volta dal latino *quietus* 'quieto'.

Dal fine e antico gioco del biliardo proviene una parola che nella lingua comune è frequente in precise espressioni – *d'acchito*, *di primo acchito* – che raccontano il significato più vivo del termine: 'alla prima, subito'. Si parte infatti dalla posizione iniziale o dal primo colpo della partita, che sono il primo approccio a un gioco ancora tutto da determinare, tutto da scoprire.

Così l'acchito è lo spazio delle sensazioni a pelle, delle prime impressioni, del subito che è parziale, benché già possa rivelare qualcosa a chi sa vedere. Al problema si trova la soluzione di primo acchito se si ha fortuna o intuizione, sfuggendoci ancora una piena comprensione; in una vicenda contorta, avendo sentito una sola campana si può raccontare come, di primo acchito, abbiamo inteso che siano andate le cose; e d'acchito ci può essere sfuggita una canzone che era nell'aria, e che, se solo l'avessimo ascoltata, ci avrebbe portato al cuore, con nostalgia, un momento lontano in cui tante cose erano diverse.

accidia
ac.cì.dia
S Inerzia, pigrizia; in particolare, nel lessico della religione cristiana, negligenza nel far del bene.
E Dal greco *akédia*, formato da *a-* (alfa) privativo e *kédos* 'cura'.

L'accidia non è una pigrizia generica: è il disinteresse apatico verso l'azione, in particolare verso un'azione migliorativa, benefica; l'assenza dell'iniziativa e, quindi, della crescita. Insomma, il disinteresse per tutto ciò che è interessante.

L'etimo mette in luce questo fenomeno come una mancanza di cura – perciò un vuoto di motivazione, di curiosità e di azione. Nell'antica Grecia *akédia* aveva anche il significato di 'malinconia'. Questo nesso fra indifferenza e tristezza ha avuto una lunga storia: l'accidia compare nel novero dei vizi capitali del Cristianesimo, come inerzia nell'adoperarsi al compimento del disegno di Dio – e proprio sotto questo male è stato ricondotto anche il peccato (in origine era così considerato in maniera più marcata) della tristezza. Non è lecito esser tristi, davanti alla grazia di Dio.

Sono accidiosi gli adolescenti apatici e totalmente privi di interessi; è accidioso il disilluso privo di qualunque cura e slancio verso ciò che di importante succede oltre il suo giardino; è accidioso chi ha in cuore un progetto luminoso, ma, be', lo realizzeranno altri.

addomesticare

ad.do.me.sti.cà.re (io addomèstico)

S Rendere domestico, togliere da uno stato selvatico.
E Da *domestico*, a sua volta dal latino *domus* 'casa'.

È un'azione molto lontana dalla nostra vita quotidiana. Almeno così parrebbe. Le grandi ere delle domesticazioni sono passati remoti. La storia antropologica ci suggerisce di quando un uomo scoprì delle mandorle un po' meno amare delle altre e le piantò, riprendendo il suo viaggio, forse proponendosi di tornare a vedere come sarebbero cresciuti quei mandorli, o istruendo altri uomini su dove li avesse piantati. I mandorli che dettero frutti più dolci furono fatti an-

cora riprodurre, e di generazione in generazione il mandorlo, amaro, velenoso, fu addomesticato nell'albero benedetto che oggi conosciamo.

Alcune madri riconobbero nei figlioletti del lupo ucciso i tratti dei propri cuccioli, e li presero con sé. Gli uomini scoprirono che quei lupi potevano essere d'aiuto per loro, e che con loro vivevano bene. Così un lentissimo flusso di flora e fauna iniziò a muovere dalla foresta estranea avvicinandosi, trasformandosi, entrando in casa. E questo movimento è ancora oggi l'*addomesticare*, azione convergente di chi fa entrare in casa e di chi decide di entrare.

Quando sai dove trovare il sale e il cavatappi nella cucina dell'amico o dell'amata, sei stato addomesticato; e apparecchiando seguirai usanze diverse dalle tue. Quando trovi una cagnolina randagia pronta a tutto per stare con te, che per questo si adatta ai tuoi comandi, che ti fa mutare le tue abitudini, e che ti trasmette sentimenti meravigliosi, l'hai addomesticata; e la tua casa cambia. Quando, invece di respingerli, accogli i sentimenti meno comprensibili che provi, tu cambi e loro cambiano, generandone uno ulteriore, una comunione nuova di pienezza e maturità.

Questa parola ammette anche i significati traslati di 'truccare', 'falsificare', 'corrompere': addomesticare una partita di calcio, un bilancio, un pubblico ufficiale. Pur nella forza dell'espressione, che si usi ciò che è nato pulito per indicare qualcosa di sporco può suscitare in noi una certa ribellione: ma è buono, se risponde al fine acuto e deliberato di colpire il male con il sarcasmo.

affettato

af.fet.tà.to

S Artificioso, manierato, esageratamente ricercato; tagliato a fette, salume.

E Nel primo significato, è dal latino *affectatus*, da *affectare* 'desiderare'; nel secondo è derivato di *fetta*, forse dal latino *offa* 'boccone', attraverso un diminutivo ricostruito ma non attestato **offitta*.

Usare questa parola nel senso di 'artificioso' getta spesso nella perplessità chi ascolta o legge; infatti i più associano all'affettato soltanto prosciutti e salami. Il che è un peccato, perché è una parola splendida nei suoi significati di 'artefatto' e 'manierato'. L'*affectatus* latino ci presenta la persona e il comportamento affettati come mossi dal desiderio eccessivo di apparire cortesi, umili, eleganti. È affettata una persona, affettato un discorso o un comportamento che sia tutto teso a ricercare una posa innaturale, e quindi ipocrita. Ad esempio, al mercato l'amichevolezza affettata dei venditori ci ispirerà diffidenza; i modi affettati di un fiorista non basteranno a giustificare i suoi prezzi gonfiati; e lo studente sotto esame userà invano espressioni affettate volte a compiacere il professore. È una parola che, al di là di prosciutti e mortadelle, come poche altre è esempio di un uso fine della lingua.

alesare

a.le.sà.re

S In meccanica, allargare un foro cilindrico fino al diametro voluto.

E Forse dal latino parlato *alliatare* 'allargare', derivato di *latus* 'largo'.

L'alesatura è una rifinitura meccanica: un foro viene allargato alle esatte dimensioni richieste. E così come per altri termini della meccanica, possiamo estenderne il significato in maniera fertile: *alesare* non è così generico come *limare*, ha le connotazioni spaziali dell'incastro, della precisione chirurgica, dell'attrito e della durezza nel tagliare in trucioli il metallo col metallo.

Volendo usare il termine in modo creativo, in un'argomentazione logica e stringente potrà essere alesato il presupposto di un'affermazione; un ampliamento mentale sofferto potrà concretarsi in un'alesatura di orizzonti; il poeta potrà alesare un verso incompleto con una parola dura e affilatissima.

allibrare
al.li.brà.re
S Registrare su un libro.
E Dal latino *libra*, nome di un'antica tassa su beni registrati.

Allibrare è stata per lungo tempo una parola di carattere tributario, riferito alla libra – tassa su beni per cui era prevista una registrazione; quando si è cercato un equivalente italiano per *bookmaker* (cioè chi gestisce e registra scommesse) ha trovato un nuovo senso. Infatti il termine è stato accostato a *libro* piuttosto che a *libra*, evidenziando il significato – per la verità già comprensibile nell'allibramento tributario – di 'annotare su un libro, registrare'. Ed è nato il nome dell'allibratore.

In questo modo l'allibrare si può sganciare da contesti burocratici, e anche se gli rimane addosso l'odore del mondo delle scommesse, permette di osare usi più semplici. Si può pensare ad allibrare i propri sentimenti in un diario, ad allibrare in un ricettario l'arte culinaria della nonna, ad allibrare racconti che abbiamo scritto negli anni.

allotropo
al.lò.tro.po
S Parola che ha l'etimo in comune con altre ma che si differenzia per forma o significato; in chimica, stesso elemento o composto che per diversa disposizione de-

gli atomi presenta diverse caratteristiche chimiche o fisiche.
E Dal greco *allótropos* 'strano, singolare', composto da *állos* 'altro' e *trópos* 'trasformazione'.

Si tratta di un concetto davvero importante. Sappiamo tutti che da una singola, prima cellula aggrappata all'utero materno è possibile che abbiano origine più gemelli. Gemelli che, pur avendo in comune il patrimonio genetico, possono diventare persone molto diverse. Si può dire che l'allotropia, in linguistica, sia lo stesso fenomeno. Parole con lo stesso patrimonio etimologico, originatesi dalla stessa singola, prima parola e magari cresciute in contesti culturali differenti, possono assumere forme e significati diversi. Nel caso delle allotropie puramente morfologiche, in cui quindi solo la forma è diversa, avremo due varianti che mantengono lo stesso significato, magari solo di sfumatura o registro leggermente differente: *stamane/stamani*, *giovine/giovane*, *visto/veduto*, *melanconia/malinconia*. Nel caso di allotropie anche semantiche, in cui quindi sono diversi forma e significato, ci troveremo invece davanti a gemelli profondamente differenti: *platea/piazza*, *pesare/pensare*, *sprovvisto/sprovveduto*, *divertire/divorziare*, *vizio/vezzo*, *spatola/spalla*.

In chimica il termine fu coniato dallo svedese Berzelius, vissuto a cavallo fra Sette e Ottocento: sostanze omoatomiche, cioè composte dagli stessi atomi, per la differente maniera in cui questi si possono legare, presentano caratteristiche diverse. Ad esempio la grafite e il diamante sono allotropi, entrambi fatti di carbonio. Ma, per scrivere, i diamanti sono pessimi, sebbene si spuntino pochissimo.

ambaradan
am.ba.ra.dàn
S Confusione, insieme disordinato.

E Da *Amba Aradam*, monte su cui si svolse e da cui prese il nome, nel 1936, una confusa battaglia della guerra d'Etiopia fra l'esercito del Regno d'Italia, guidato vittoriosamente da Badoglio, e l'esercito etiope.

Ambaradan, parola scherzosa, ci racconta sorridendo una gran confusione, un guazzabuglio scomposto, agitato. Ci può essere un ambaradan al mercato del mercoledì, un ambaradan di fogli e libri sulla scrivania quando si scrive la tesi, nel quartiere può succedere un ambaradan quando c'è la partita. È una parola dal viso libero e contento, ma perché?

Perché ad Amba Aradam, pure in tutta la confusione di una battaglia particolarmente disordinata, gli Italiani hanno «vinto», come si suol dire, e questa parola è nata in un momento storico in cui colonizzare popoli poveri e liberi con gli aerei e i gas vescicanti, in un caos di su e giù dai monti inseguendo le colonne in fuga con la mitraglia, era un affare da spanciarsi dalle risa. Sì, gli eccidi fascisti avevano sempre un che di ridanciano, e gli eroi adusi all'esercizio della forza nelle terre delle faccette nere avevano sempre maschi profili da latin lover, italianamente allegri.

Così, oggi, l'ambaradan nel nostro orecchio non dovrebbe essere scherzoso né simpatico – nemmeno un po' –, ma l'oblio dei suoi infami natali ce lo rende vergine, e quindi si può usare il bel suono del nome di un altipiano lontanissimo per dire 'casino'.

anabasi

a.nà.ba.si

S Spedizione che parte dalla costa, diretta verso il centro di un territorio.

E Dal greco *anábasis*, dal verbo *anabáino* 'salire'.

Questa parola vive quasi esclusivamente nel nome di due precise opere storiografiche dell'antichità: l'*Anabasi*

di Senofonte e quella di Arriano. Nella prima (siamo nel IV secolo a.C.) Senofonte narra delle peripezie di un'armata di diecimila mercenari greci, di cui lui stesso fece parte, dapprima al soldo di Ciro il Giovane con lo scopo di strappare il trono di Persia al fratello Artaserse II, e successivamente, dopo il fallimento a causa della morte di Ciro, in fuga verso il Ponto Eusino, cioè il mar Nero. Nella seconda, Arriano parla invece dell'anabasi di Alessandro Magno, facendo un resoconto della spedizione del Macedone alla conquista dell'Asia.

Il concetto è molto affascinante, quasi archetipico: pensare a una spedizione che dalla costa si inoltra nell'entroterra ci induce nel cuore sentimenti di avventura, la curiosità dell'esplorazione; e davanti agli occhi abbiamo già paesaggi mai visti.

È un peccato che un concetto del genere non trovi modo di entrare nella lingua al di là delle opere di Senofonte e di Arriano, anche perché si potrebbe prestare a varie estensioni.

Pensiamo a quando ci si iscrive all'università: è l'inizio di un'anabasi nel cuore di una materia sconosciuta; quando si inizia una terapia presso uno psicologo, può essere l'inizio dell'anabasi di una fobia o di un disagio; senza contare l'anabasi che inizi quando ti innamori di qualcuno.

anacoluto

a.na.co.lù.to

S Costruzione per cui le parti della frase hanno una sintassi incoerente.

E Dal greco *anakóluthos* 'che non segue', formato da *an-* negazione e *akóluthos* 'che segue' – da cui anche *accolito*.

Oltre che mero errore, può essere figura retorica non facile ma fondamentale.

L'anacoluto è scolasticamente qualificabile come errore di sintassi: due parti della frase sono fra loro grammaticalmente incongruenti, nonostante congruente sia il senso. È una figura comune nella spontaneità improvvisata del parlato: si inizia una frase in un modo e si finisce in un altro; ma è usata, in letteratura, per rendere questo effetto o per ottenere una maggiore efficacia d'espressione. Quando a tarda sera si è rimasti in pochi e si deve decidere che combinare ancora, ci si guarda negli occhi e ci si chiede «Noi adesso la serata come continua?». Questo è un anacoluto: il *noi* resta zoppo, un conato di frase incoerente rispetto al seguito. Però, grazie all'anacoluto, l'espressione risulta tanto più vibrante, e il soggetto logico risalta. Visto il meccanismo, è naturale che tornino famosi gli anacoluti dei proverbi («Chi pecora si fa, il lupo se lo mangia»), che sono cristallizzazioni di detti orali.

Volendo fare degli esempi di letteratura, celeberrimi sono gli anacoluti dei *Promessi sposi* manzoniani: «Quelli che muoiono, bisogna pregare Iddio per loro»; «i soldati, è il loro mestiere di prendere le fortezze»; «un religioso che senza farvi torto, val più un pelo della sua barba che tutta la vostra». Come si vede, l'effetto è quello di echeggiare il parlato e il detto popolare. Non è da meno Boccaccio: «Calandrino, se la prima gli era paruta amara, questa gli parve amarissima»; o Verga: «il primo che va in giro di notte gli faremo la pelle».

Per quanto riguarda l'intensità d'espressione, un vertice è in Machiavelli: esiliato a Sant'Andrea in Percussina, si ritrovò a passare le sue giornate tra i bifolchi di campagna; ma a sera si ritirava nel suo scrittoio e si immergeva nell'accogliente e solenne lettura dei classici, pascendosi dell'unico cibo che era veramente

suo e per il quale sentiva di essere nato: ma questo lui lo dice così, nella Lettera XI a Francesco Vettori: «mi pasco di quel cibo che solum è mio et che io nacqui per lui». Forse l'anacoluto più bello e potente della nostra letteratura.

ancillare
an.cil.là.re
S Di ancella, cioè di serva, subordinato.
E Dal latino *ancillaris*, da *ancilla* 'serva'.

L'ancella, nell'antica Roma, era la serva della matrona; poi il nome è rimasto a indicare genericamente la serva domestica. Quindi in senso stretto *ancillare* significa 'relativo alla serva, all'ancella': comune in questa chiave è l'espressione *amore ancillare*, intendendo le *liaisons* amorose intrattenute con le serve o le domestiche. Si può, appunto, cercare di estendere il senso anche alle figure di lavoratrici domestiche dei giorni nostri, ma il connotato, nonostante i natali latini, riesce svilente, come classicamente è l'atteggiamento del gran signore verso la servitù. Nella nostra epoca, in cui fortunatamente la servitù è percepita come uno stato sociale patologico e non fisiologico, e in cui il lavoro di collaborazione familiare tendenzialmente acquisisce la dignità che merita, si tratta di un senso decisamente secondario. Però, cavalcando questi connotati, si potrà parlare, con elegante ironia, degli amori ancillari del vecchio milionario.

Più suggestivo e versatile è il significato di 'subordinato, servente'. Si può parlare dell'organo ancillare che tiene i conti della grande azienda; si può parlare delle losche figure ancillari di un certo politico; o magari di un lavoro ancillare rispetto alla propria occupazione principale.

antonomasia
an.to.no.mà.sia
S Figura retorica che consiste nell'usare un nome comune caratterizzante al posto di un nome proprio, o viceversa un nome proprio caratterizzante al posto di un nome comune.
E Dal greco *antonomázo* 'cambiar nome', formato da *antí* 'al posto di' e *ónoma* 'nome'.

È una figura retorica di successo colossale. Sappiamo tutti che cosa si intende quando si dice che qualcuno è un Casanova, un Paparazzo o un Mecenate, anche se magari non sappiamo nemmeno bene chi siano questi signori; e il Recanatese o il Nolano, nomi comuni degli abitanti di Recanati e Nola, in ambienti dotti non possono però che designare Giacomo Leopardi e Giordano Bruno: tutti casi in cui naturalmente la notorietà di questi personaggi ha portato il loro nome a connotare intere categorie di persone e concetti, o a requisire nomi comuni per il proprio.

Si tratta di una figura retorica che attecchisce sul prestigio e sulla fama: infatti l'espressione *per antonomasia* è spesso usata come sinonimo di 'per eccellenza', quasi che l'antonomasia fosse il naturale coronamento di un'irresistibile ascesa.

aplomb
a.plòmb
S Perfetta caduta di un abito; sicurezza, disinvoltura.
E Imprestito dalla locuzione francese *à plomb* 'a piombo'.

È buffo come una parola così raffinata nasca dalla ruvida arte muratoria. Infatti prende il nome dallo strumento del filo a piombo: un filo a cui è legato un peso, e che, puntando a terra in maniera perfettamente verticale, permette di verificare se un muro è dritto. Que-

sta perfezione lineare del filo a piombo, sintetizzata nel sostantivo *aplomb*, ha invitato usi figurati al di fuori del gergo edile. In quello sartoriale, l'aplomb è il giusto modo di cadere di un abito liscio, verticale: ad esempio, si può parlare dell'ottimo aplomb della giacca cucita dallo studente stilista. In generale, invece, l'aplomb diventa il bel portamento, ma anche la sicurezza e la disinvoltura nel porsi, con un forte connotato di imperturbabilità che richiama il responso senza incertezze del filo a piombo: la stilettata rivolta all'intervistato non turba il suo aplomb, e Tizio ha un tale aplomb che nemmeno una torta in faccia lo scomporrebbe. È venuta naturale l'estensione ulteriore al gergo sportivo, in cui l'aplomb indica l'equilibrio dell'atleta. Un meraviglioso scorcio su che cosa sia l'eleganza, che è frutto della precisione e del dominio di sé, molto più che della ricchezza.

apocrifo

a.pò.cri.fo

S Scritto o opera d'arte non autentica, che non è dell'epoca o dell'autore cui è attribuita; in senso più stretto, libro sacro che la Chiesa non riconosce come ispirato da Dio e che non rientra nel canone delle Sacre Scritture.

E Dal greco *apókryphos*, formato da *apó* 'da' e *krýptein* 'nascondere'.

È una parola molto elegante, che si usa di rado proprio per la sua stretta vocazione filologica. Può capitare di sentire qualche discorso più o meno indagatorio sui vangeli apocrifi, ma poco altro. Un bel fronte per continuare a impiegare questo termine potrebbe però essere quello dei detti e delle frasi famose. Quante citazioni ci capitano sott'occhio, che sono attribuite a questo o a quel personaggio solo perché ci piacerebbe che fosse stato lui a dirle!

Inoltre, fuori di filologia, questa parola diventa piuttosto rilevante in campo legale, per quanto riguarda i testamenti. Il tipo più semplice di testamento è l'olografo, cioè quello scritto interamente a mano, datato e firmato dal testatore; ma talvolta, nelle tristi battaglie legali legate alla successione, gli eredi scornati possono tentare di dimostrare che un testamento è apocrifo, cioè che è un falso, biecamente vergato da altri eredi.

apodittico
a.po.dìt.ti.co
S Evidente, inconfutabile; dogmatico.
E Dal greco *apó* 'a partire da' e *déiknymi* 'mostrare'.

Questa parola in origine significa l'evidenza non supposta né scontata, ma scrupolosamente giustificata nelle sue cause, logicamente necessaria. Gli ambiti in cui può essere fertilmente usata sono proprio quelli retti dalla logica: può essere apodittico il passaggio di un ragionamento, la deduzione finale di una ricerca, la conclusione di una dimostrazione.

Ma non solo: la parola ha anche acquisito il significato di 'dogmatico', cioè sottratto alla discussione e lontano da questioni razionali: in questo senso può essere apodittica la tesi del professore, incontestabile più per il suo prestigio che per la sua solidità, la dichiarazione del leader politico difesa più dalla sua autorità che da vere ragioni, il giudizio inappellabile del critico gastronomico più alla moda.

apolide
a.pò.li.de
S Che non ha alcuna cittadinanza.
E Dal greco *a* 'senza' e *pólis* 'città, Stato'.

Si tratta di un termine giuridico che ha tanto da raccontare, scorcio di realtà e storie enormemente di-

verse e spesso più dure delle nostre solite. L'apolide è chi ha perso o non ha mai avuto la cittadinanza di uno Stato, pienezza dei diritti civili e politici, appartenenza a un popolo: può essere il figlio di apolidi che non ha acquisito una cittadinanza alla nascita per *ius soli* ('diritto del suolo', per essere nato nel territorio dello Stato), o persona che la sua cittadinanza se l'è vista togliere per motivi etnici, o di sicurezza, o per qualche altra statuizione: ad esempio, nel caso in cui ricopra cariche pubbliche estere, o militi in eserciti stranieri.

Nella nostra Italia all'apolide sono garantiti tutti i diritti civili, è soggetto alla legge del nostro Stato e, se ne ricorrono i presupposti, può ovviamente acquistare la cittadinanza italiana.

Ma si può trattare anche di una libera scelta: chi decide di non aderire a nessuna patria, a nessuno Stato, a nessuna terra; di non preferirne nessuna e di rivendicare la sua totale libertà da ogni sistema, vorrà considerarsi apolide. E gli estremi si toccano quando l'apolide, che non è cittadino di nessun luogo preciso, si sente piuttosto cittadino del mondo.

In senso figurato, apolide rimane ogni cosa che non ha patria: un'idea non accolta, un progetto non finanziato, un sentimento non riconosciuto.

apoptosi

a.pop.tò.si

S In biologia, morte programmata della cellula.

E Dal greco *apóptosis*, che indicava la caduta dei petali dei fiori, formato da *apó* 'da' e *ptósis* 'caduta'; riconiata col moderno significato scientifico nel 1972 dai ricercatori Kerr, Wyllie e Currie.

Siamo abituati a pensare la morte come un evento tragico, che colpisce inevitabilmente, segnata di sofferenza e paura; non ci sfiora l'idea che possa essere

un evento biologicamente necessario e addirittura una strategia della natura senza di cui non potrebbe esserci la vita. Ma non tutte le morti sono uguali, e questo è particolarmente evidente a livello cellulare. L'apoptosi, che ci riconduce all'immagine (poetica e calzante) del fiore che perde i petali, è la morte programmata della cellula; diversa dalla *necròsi*, che è, per così dire, quella violenta e indesiderata. Vuoi perché il numero globale delle cellule di un organismo resta grossomodo invariato, vuoi perché una cellula malfunzionante può recare danno alle altre o all'organismo intero, vuoi perché, se attaccata, non serve d'appoggio ad attacchi virali, è essenziale nell'economia di un corpo che una cellula sappia quando morire in maniera ordinata e pulita. Uno smantellamento indolore, un sacrificio naturale, quasi leggero, compiuto sull'altare della sopravvivenza dell'organismo. Secondo alcuni, l'intima e più concreta realtà di quella pulsione di morte di cui parlava Freud. Si tratta di un concetto della scienza recente, un campo di ricerca in vasta espansione, ma la sua suggestione trova antichi preludi, e permette ampie connessioni metaforiche con fenomeni sociali: il parallelo fra organismo e gruppo è evidente. Pensiamo alle tribù delle isole del Pacifico o delle steppe, in cui davanti all'imminente periodo di carestia gli anziani prendevano il mare, o lasciavano il villaggio, per non tornare mai più. Pensiamo ai soldati feriti che durante la ritirata di Russia preferirono togliersi la vita, piuttosto che essere di peso a chi poteva riuscire a tornare; o a quei malati che rifiutano le cure per lasciare maggiori risorse mediche agli altri. Pensiamo all'ultimo della cordata che durante la scalata drammatica perde la presa e, per evitare di trascinare nel vuoto i compagni in difficoltà, estrae il coltello e taglia la corda. Pensiamo al fatto che ognuno di noi,

se non finisse a un certo punto per andarsene, non lascerebbe mai lo spazio a coloro che vengono e che verranno. I padri devono morire perché i figli possano occupare, a loro modo, il posto rimasto libero. Quello dell'apoptosi è un concetto duro, da osservare: ci parla della responsabilità della morte. Una prospettiva che ci fa orrore, e che pare inaccettabile, nell'irritato fluire dei giorni. Ma l'apoptosi esiste, accade già dentro di noi, e ci mette davanti al ruolo che abbiamo nel nostro gruppo, nella nostra società, nella nostra specie.

apostasia

a.po.sta.sì.a

S Abbandono della propria religione per un'altra, conversione.

E Dal greco *apostasía* 'allontanamento', formato da *apó* che indica distacco e *stâsis* che indica lo stare.

L'abiura, il rinnegare il proprio credo in favore di un altro, è un atto solenne: che riguardi una fede religiosa o un'ideologia laica, resta un ripudio grave, profondo, e ancor più grave e profondo appare il seguente nuovo abbraccio. Tale è l'apostasia, parola alta e pesantissima. Spesso le conversioni sono viste come segno di tradimento: l'abbandono della propria tradizione, della propria scelta, della propria posizione pare affine alla diserzione vigliacca e proditoria; qualcuno (un'istituzione, una comunità, un retaggio) contava su di te. In realtà l'apostasia, seppur così pesantemente giudicata attraverso i secoli (e ricordiamo che ad esempio quella religiosa, nei paesi dove vige ancora oggi la *sharia*, è punita con la morte), è un diritto sacrosanto. Si dice che i primi ad abbandonare la nave che affonda siano i topi; ma il capitano che affonda con la nave è un onorevole imbecille. Il cambio di rotta, di con-

vinzioni, di idee abbracciandone di nuove può essere segno di maturazione, di saggezza. Infatti è tacciato di apostasia il politico che si rende conto del fallimento di un ideale e lo rinnega avvicinandone un altro diverso e più moderno; è bandito come apostata il religioso che giunge alla realizzazione intima di una fede nuova o di nessuna fede; e marcia con passi fieri sulla via dell'apostasia chi si compra un e-reader, incrinando il culto della carta.

apotropaico
a.po.tro.pài.co
S Che annulla o allontana influssi maligni.
E Dal greco *apotrópaios* 'che allontana', formato da *apó* 'da' e *trépein* 'volgere'.

Statue, amuleti e gesti apotropaici sono profondamente embricati con superstizioni, religioni e spiritualità di ogni cultura. Le pernacchie o le linguacce come scongiuro contro la sfortuna o i ferri di cavallo messi a mo' di corna, le stesse corna fatte con la mano, lo sputo per stornare il diavolo, il crocifisso per i vampiri fino a esorcismi più complessi, così come anche pietre varie diversamente foggiate, e piante ed erbe, per scacciare ora questo ora quel male; e poi maschere, teschi, animali o attrezzi simbolici posti sugli architravi, sulle pareti o davanti agli edifici per salvaguardarli da malocchi e disgrazie (dalla scopa inchiodata al muro dell'Italia contadina ai draghi del Feng Shui orientale), fino a grandi statue, dipinti o festeggiamenti benauguranti dedicati agli organi sessuali e alla fertilità; elemento apotropaico, questo, meno presente nelle culture cristiane ma che altrove riveste un ruolo da protagonista.

Gli oggetti e i comportamenti apotropaici esistono in quantità. Ma esistono gli influssi maligni?

arsenale

ar.se.nà.le

S Cantiere navale; stabilimento per costruzioni militari; deposito di armi o di oggetti eterogenei.

E Dall'arabo *dar as-sina* 'casa del lavoro', passato nel veneziano come *darzenà*, da cui anche *darsena*, e successivamente corrotto in *arzanà* come si trova nel canto XXI dell'*Inferno* di Dante («Quale ne l'arzanà de' Viniziani bolle l'inverno la tenace pece...»), per poi acquisire la forma odierna.

Queste fabbriche, gioielli di organizzazione del lavoro e di produzione ingegneristica, servivano per costruire, riparare e armare le navi, e furono la cifra della grandezza delle potenze marittime, prima fra tutte Venezia.

L'idea di cantiere che crea ed equipaggia di tutto il necessario è passata anche nel lessico non marittimo, indicando genericamente industrie e luoghi di raccolta e di riorganizzazione militare. E da qui passiamo ai significati successivi, dal deposito bellico – pensiamo agli arsenali nucleari – ma soprattutto al deposito o all'armamentario, ripulito da ogni sfumatura militare, fornitissimo e variegatissimo, con un certo sospetto di caos: una sala da tè che è un arsenale di infusi, un artista che è un arsenale di idee, una biblioteca che è un arsenale di sapere.

Senza poi contare i fertilissimi significati metaforici: un ufficio può essere un arsenale, efficiente e rumoroso, così come – al limite – può esserlo un bambino di vivacità indomabile.

asintotico

a.sin.tò.ti.co

S Detto di ciò che tende ad avvicinarsi a qualcosa sempre di più, ma senza mai raggiungerlo.

E Da *asintoto*, derivato dal greco *asýmptotos* 'che non si incontra', formato da una *a* privativa e *sympíptein* 'coincidere', a sua volta formato da *syn* 'insieme' e *píptein* 'cadere'.

Dalle scienze matematiche, un concetto di importanza cardinale. Qualcuno, fra i ricordi dei suoi studi liceali, troverà archiviata la parola *asintoto*. Se ne parlava soprattutto a proposito delle iperboli, curve che, appunto, si avvicinano indefinitamente a rette chiamate *asintoti*, che quasi le incorniciano. L'asintoto, grossolanamente, è ciò che non viene toccato, ciò che non si incontra; ma la sua declinazione matematica ha influito in maniera importante su questo concetto: diventa ciò che non si incontra pur tendendovi, pur avvicinandovisi sempre più. Un'immagine suggestiva, un concetto creato dagli umani spingendosi nelle pieghe più riposte della realtà; e l'asintotico resta quindi ciò che tende verso un modello, un obbiettivo irraggiungibile ma non lontano, anzi, sempre più prossimo. Può dirsi asintotico il perfezionamento di un *kata* dell'artista marziale; il poeta lima asintoticamente il verso tentando di renderlo identico al suo sentimento; ed è asintotica la cura del bonsai, opera eternamente imperfetta. Un concetto che ci mette davanti alla meravigliosa impossibilità della perfezione, all'irraggiungibilità di una fine compiuta. Da accettare col sorriso e senza frustrazioni.

assassino

as.sas.sì.no

S Che uccide, omicida.

E Dall'arabo *hashìshiya* 'fumatore di hashish'.

Agli albori del II millennio, dall'impenetrabile rocca persiana di Alamut, una setta islamica guidata dal capo carismatico Hasan-i Sabbah, anche noto

come Vecchio della montagna, si imponeva sugli equilibri di potere del Medio Oriente. Si trattava della setta dei Naziriti, meglio noti come Assassini, che perseguivano i propri obbiettivi politici tramite un uso sistematico dell'omicidio. Erano ferrei nella propria morale e smaliziati nella scelta di chi ora appoggiare, ora osteggiare; e la loro fama ci mise poco ad arrivare in Europa, anche perché con loro se la dovettero vedere gli stessi crociati. Si dice che prima di commettere gli omicidi fossero soliti fumare hashish. E si dice anche che all'interno delle mura di Alamut il Vecchio della montagna avesse ricreato il paradiso di Allah, con giardini fioriti, donne bellissime e fiumi artificiali di vino, latte e miele, dove ogni desiderio veniva esaudito. Si dice che rapisse chi voleva diventasse suo adepto (uomini usi all'esercizio delle armi), e che lo facesse vivere per un po' in questo paradiso finché non fosse stato necessario l'omicidio di qualcuno: al che l'adepto veniva drogato e trasportato fuori dal paradiso di Alamut; la sola speranza di rientrarvi era portare a compimento la missione omicida comandata dal Vecchio della montagna. Tra realtà e fantasia, fra storia e romanzo si sviluppano le nostre frammentarie conoscenze di questa specialissima società, che si estese dalla Persia alla Siria, dalla sua scismatica nascita alla sua fine sotto gli zoccoli delle orde mongole; e che però ancora, a distanza di secoli, impone sulla nostra lontana lingua l'eco del suo terrificante costume, affascinante come sapeva essere solo l'atmosfera nei saloni delle antiche fortezze mediorientali – ombrosi, appena illuminati da piccole finestre affacciate su paesaggi abbacinanti, coperti di tappeti, fumosi di incensi e droghe, e avvolti in musiche pizzicate su corde lunghe o ritmate su piccoli tamburi.

aulico

àu.li.co

S Solenne, elevato, ricercato; spesso riferito al registro linguistico.

E Dal latino *aula* 'luogo arioso, ampio'; riferito prima a un cortile esterno, poi esteso a uno interno fino a indicare un salone del palazzo; a sua volta dal greco *aulé* 'corte'.

Aulico è una parola che rimanda all'aria respirata in una corte d'altri tempi, dove si parlava al cospetto di eminenze, in occasioni di solennità ispiranti particolare soggezione, adeguando il proprio parlare e i propri modi all'occasione.

Certo, quel che è aulico può facilmente degenerare in qualcosa di viscidamente cerimonioso, o in alterigia superba. Ma in sé non ha accezioni negative: ciò che è maestoso, elegante e raffinato è veramente degno di reverenza.

aulire

au.lì.re

S Odorare, mandare profumo.

E Dal latino *olère* 'avere odore'.

Questo verbo, bello e desueto, nasconde una storia curiosa. Dalla latinità ci giungeva il verbo *olere*, che significa avere odore. Ma visto che, nella transizione al volgare, i dittonghi latini *au* venivano popolarmente chiusi in *o*, la cattiva coscienza ipercorrettista ha reagito all'inverso aprendo in *au* la *o* di *olere*, che invece nasceva proprio così. In questo modo si forma il verbo *aulire*. Le fortune di questa parola sono state alterne: dopo un periodo d'oro in epoca medievale e rinascimentale, fu riaccolta nel lessico letterario verso la fine dell'Ottocento per una stagione breve ma intensa. Oggi resta uno dei termini che in maniera più esemplare se-

gnano quell'universo letterario il cui lessico sta sul crinale fra il comprensibile e l'incomprensibile. Da tenere presente, affinché lo iato con quella letteratura non si allarghi tanto da renderla bisognosa di parafrasi, per essere capita. Ad ogni modo il verbo *aulire* rimane una risorsa preziosa per significare il profumare in maniera aggraziata e lieve: il profumo, con quel suo includere il fumo, ha sempre un che di pesante. Quindi si può dire che i gelsomini auliscono in maniera inebriante («Rosa fresca aulentissima», scrive Cielo d'Alcamo nella prima metà del Duecento), ci si può perdere nella chioma aulente dell'amata, e – per quelli a cui piace – l'antica biblioteca aulisce soffusamente di carta vecchia.

autoschediasma
au.to.sche.dià.sma
S Improvvisazione, costruzione o detto estemporaneo.
E Dal greco *autoskedíasma* 'improvvisazione'.

Una parola poco nota, che addirittura di rado si trova sui dizionari: definisce un concetto consueto sotto una luce particolare. L'autoschediasma altro non è che l'improvvisazione, soprattutto verbale: il discorso pronunciato all'impronta, e quindi con caratteristiche retoriche proprie; infatti anche l'uscita più estemporanea deve tenere conto dei suoi precisi effetti, e conviene che adoperi espedienti sottili. Si può parlare dell'improbabile autoschediasma con cui l'autore di genio sostituisce una spiegazione complessa; i rapper si producono in autoschediasmi pirotecnici, quasi al modo in cui tenzonavano i giovani stilnovisti nella Firenze del Duecento o i jazzisti più brillanti nella New Orleans dei tempi d'oro; e il nonno soleva raccontarti aneddoti di vita vissuta che solo decenni più tardi tuo padre ti rivela essere autoschediasmi distillati sul momento dalla sua vivace saggezza. Questo libro è un

misto di studio delle fonti e di innamorati autoschediasmi.

avatar
a.va.tàr
S Nell'induismo, una delle dieci incarnazioni di Visnu; nella realtà virtuale, immagine o personaggio scelto per rappresentare l'utente reale.
E Dal sanscrito *avatāra* 'disceso', passato attraverso l'inglese e il francese *avatar*.

È una parola di suprema nobiltà. Per il credo induista Visnu è una divinità fondamentale: nonostante le profonde differenze che corrono fra le religioni di questa famiglia, egli mantiene sempre una posizione centrale, specie nel ruolo di conservazione e difesa del mondo. È fede comune che, nei momenti più oscuri della storia, Visnu discenda sulla terra per ristabilire quella divina giustizia di cui è garante, incarnandosi in un avatar: questo dovrebbe essere accaduto già nove volte, e fra i nomi degli avatar troviamo personaggi illustri come Krishna e lo stesso Buddha.

Brilla allora molta poesia nella scelta del termine *avatar* per indicare l'iconcina che navigando in rete si usa per rappresentarsi: si discende nella rete incarnando la propria identità nell'avatar. È suggestivo che un'immagine così alta penetri nel lessico comune, prestandosi a significati ulteriori.

Per favore, niente italianizzazioni in *avataro*. È così brutto.

B

bacio

bà.cio

S Manifestazione d'affetto che consiste nel toccare qualcuno o qualcosa con le labbra.

E Dal latino *basium*, di probabile origine celtica.

Parola comune, ma quant'altre mai affascinante e misteriosa. Si tratta dell'evoluzione del latino *basium*; ma in latino, questo non era l'unico nome del bacio. Gli si affiancavano l'*osculum* e il *suavium*, con delle sfumature di significato ben distinte: l'*osculum*, voce più elevata, era il bacio d'amicizia e rispetto, che per esempio ci si scambiava tra familiari, e che pure poteva essere dato sulla bocca; il *suavium* era invece il bacio erotico, con una carica passionale quasi volgare; il *basium* aveva un valore intermedio, che partecipava tanto dell'affetto quanto di una dimensione amorosa. E forse è proprio per la sua versatilità, che lo rendeva termine da bosco e da riviera, che ha prevalso sugli altri. La manifestazione che descrive è stata un vero rovello per ricercatori d'ogni tempo: la varietà delle sue forme e dei suoi significati nelle culture più disparate ne fanno un'inesauribile vena di ipotesi antropologiche. Il modo in cui noi oggi, nella nostra tradizione, viviamo il bacio, cioè il toccare qualcuno o qualcosa con le labbra, non è che uno dei moltissimi esiti culturali di questo atto, che nel suo nucleo universalmente condiviso è espressione di riconoscimento, declinato in rispetto, affetto, amore, passione. In altri termini, il senso del bacio è tutt'altro che scontato, a dispetto della sua naturalezza: in esso risiede una cifra

della nostra identità; anzi in essi, perché diversi sono i significati del bacio alla veste, alla statua, alla mano, alla guancia, al collo, alla bocca. È per questo che appare un po' riduttiva la celebre (e a dire il vero più spesso dileggiata che apprezzata) definizione da Baci Perugina, che riprendendo le parole di Cyrano sotto il balcone di Rossana, ne fa «un apostrofo rosa fra le parole *ti* e *amo*».

bailamme
bai.làm.me
S Confusione, baraonda.
E Dal turco *bayram* 'festa'. In particolare, nome con cui vengono indicate le festività nazionali, sia laiche che religiose.

Le festività nazionali spesso significano solo che si può dormire di più e attardarsi in casa, che gli autobus passano più di rado e talora addobbati con bandierine; significano il tentativo di fare ponte. La dimensione corale della festa più normalmente trionfa su scala locale: tutti abbiamo in mente una qualche festa di città o di paese particolarmente partecipata e caciarona a cui siamo stati.

Il bailamme è proprio il gran casino della festa, fiumane di persone in ogni luogo, che gridano, magari con musica e balli, con un connotato tutto sommato benevolo. Ci sarà un bailamme nel quartiere dello stadio quando la squadra di casa vince; al compleanno del bambino ci sarà un bailamme di frugoletti che saltano e corrono dappertutto; sui ponti di Firenze, a San Giovanni, farà un gran bailamme la gente che aspetta di vedere i fuochi d'artificio.

baleno
ba.lé.no
S Lampo.

E Probabilmente da *balena*, uguale in latino, a sua volta collegabile al greco *phálaina* col medesimo significato (ma da cui anche *falena* – senza che il nesso semantico sia evidente), e forse derivato da *phállos* 'fallo', per via della forma archetipica.

Sul ponte della nave, forte brezza salmastra, il sole ancora basso sull'orizzonte che comincia a riscaldare le ossa dopo l'umido della notte. Guardi il mare, pianura sconfinata. D'un tratto, il rapido baleno di un enorme corpo si solleva nel barbaglìo delle acque increspate, poco distante dalla nave. Terrore, stupore, meraviglia, la schiena liscia del grande animale che scorre rapida e si rinabissa.

Il baleno è un lampo, sì, un'apparizione fulminea, però imponente, massiccia, presente. La saetta grassa di tuono balena nel cielo tempestoso – che quando si abbatte spacca e schianta a mo' di Moby Dick sul Pequod.

Che cosa mi balena in capo? Non un vago e impalpabile sogno, ma una rapida, imponente idea; sarò da te in un baleno, e il mio movimento non sarà quello dell'umbratile cervo che corre leggero e veloce, ma sarà tellurico – un rinoceronte alla carica.

ballottaggio

bal.lot.tàg.gio

S Seconda votazione limitata ai candidati che hanno ricevuto più voti nella prima.

E Dal francese *ballotage*, dalla radice francone *balla* 'palla', passata prima per l'italiano attraverso *ballotta* 'castagna'.

L'impressione è quella di un sistema raffinato all'interno di un contesto elevatissimo: che cosa c'è di più alto e decisivo, per una democrazia, dell'ultima votazione, dell'entrare nella cabina con l'appuntitissima

matita e tracciare un segno su uno dei due candidati finali?

Ma l'origine è antica e umile. Si usavano le castagne – a Firenze si chiamano ancora *ballotte* – per contare i voti. Come anche a Venezia. E l'usanza pare sia stata assai comune, in Europa: l'espressione del ballottaggio ha attecchito con un successo così globale che pare sia nata ovunque da sé, e c'è chi vede addirittura provenienze dall'arabo *ballut* o dal greco *bálanos*, sempre col significato di ghiande o castagne.

Ci ricorda di un tempo in cui il cibo aveva un senso diverso (perduto forse con gli ultimi fagioli usati per segnare i numeri della tombola), quando era una materia più viva, che permeava la vita tutta, fino alle sue alte manifestazioni civili, e non solo la gola.

Insomma, sentire al mattino un professore di diritto internazionale che parla dei problemi nel *ballotage* delle ultime elezioni dello Zimbabwe, e al pomeriggio uscire in centro a Firenze passando sotto la Torre delle Castagne in cui otto secoli fa si riunivano i Priori delle Arti eletti contando le ballotte, ti fa percepire il meraviglioso, antico e fluidissimo crogiolo di storia, geografia, cucina e lingua in cui vivi.

baluginio

ba.lu.gi.nì.o

S Chiarore fioco e discontinuo.

E Incerta; forse derivato di *luce*.

A dispetto della debolezza dell'oggetto che designa, questa parola ha una carica espressiva molto nitida, veicolata anche dal suo suono, sommesso e vivace a un tempo. Il baluginio è un lucore fioco, sfuggente e intermittente, sia in senso concreto, sia in senso figurato: si può parlare del baluginio di una candela nel vento, del baluginio notturno delle case perse nella

campagna, le cui luci tremano nell'aria ancora calda della sera; o delle stelle lontane nel cielo. Ma si può anche parlare del baluginio di un sentimento che resiste da lungo tempo all'oblio completo, o di un'idea appena intuita. Il carattere straordinario del baluginio è che, pur nella sua incertezza, si nota. Il baluginio di una speranza o di un buon pensiero sono speroni a cui ci si può aggrappare: forse non sono solidi, ma sono chiari, rispetto al buio intorno.

balzano
bal.zà.no
S Stravagante, bizzarro; cavallo che ha le balzane.
E Dal latino *bàltea* 'cintura, fascia'.

La balzana è una striscia o una macchia bianca che i cavalli possono avere sopra lo zoccolo – e i cavalli che hanno questa striscia sono chiamati, appunto, balzani. A questa caratteristica fisica, che può riguardare una o più zampe (balzano da uno, balzano da due, e via dicendo), è tradizionalmente associato anche un profilo psicologico dell'animale: il cavallo balzano sarebbe particolarmente lunatico, imprevedibile, incostante. Da questa credenza – forse incrociata con il colore variegato che la balzana dà al cavallo – viene l'attuale significato di *balzano*.

Il balzano è l'eccentrico, lo stravagante: davanti al problema, l'amico se ne potrà uscire con un'idea balzana e forse vincente; chi si presenta come un grande intellettuale potrà rivelarsi solo una mente balzana; il film che ti ha tenuto col fiato sospeso fino all'ultimo si concluderà con un finale balzano e il tuo grave disappunto.

becero
bé.ce.ro
S Rozzo, volgare.

E Da un perduto *becerare*, probabilmente derivato dal latino *vocilare* 'vociare'.

Esistono molte parole per indicare il grezzo, ma spesso hanno connotazioni retrograde, inattuali, misurandolo con la distanza del nobile dal povero: *volgare*, *villano*, *triviale*. L'etimo ci suggerisce probabilmente che il becero invece si concentra su una qualità socialmente neutra del rozzo, adatta tanto all'avvocato quanto al contadino: il parlare a voce troppo alta, il gridare per esprimersi. Capita di vedere adoni eleganti, bellissimi, dallo sguardo magnetico, che quando aprono bocca sembra stiano piazzando il pesce al porto di Mumbai; capita di vedere ragazze angeliche – boccoli biondi a incorniciare il viso candido – che berciano e sghignazzano come demoni; al contrario omoni dall'aspetto rude possono esprimersi con gentilezza posata da serafino. Il becero diventa così un'attribuzione fondamentale per l'osservazione e la descrizione di una persona, di uno spettacolo, di un testo: il modo in cui si pronunciano le parole pesa più delle parole stesse.

benaltrismo
be.nal.trì.smo
S Tendenza a sminuire una questione dicendo che i problemi o le soluzioni sono ben altri.
E Dall'espressione *ben altro*, rafforzativa del semplice *altro*.

Questa tendenza retorica consiste nell'attaccare un'affermazione che esprime un problema o una soluzione affermando che non è opportuno darvi importanza perché i problemi o le soluzioni sono *ben altri*. L'atteggiamento del benaltrismo non è quindi di critica verso il contenuto in sé di un'affermazione, ma verso l'ordine di importanza dell'affermazione stessa. Quelle sulla priorità di un problema o sull'opportunità

di una soluzione sono considerazioni legittime e intelligenti, ma il benaltrismo è il lato esagerato e perciò patologico o talvolta sleale di queste considerazioni, quando sono esasperate e ottuse: infatti ragionando logicamente è sempre possibile trovare problemi più grandi e soluzioni più radicali; la discriminazione degli omosessuali e degli immigrati è un problema? Ben altri sono i problemi: la gente non ha lavoro. La gente non ha lavoro? Ben altri sono i problemi: la struttura del mercato e della finanza deve essere riformata. Il mercato e la finanza devono essere riformati? Ben altri sono i problemi: dobbiamo pensare innanzitutto all'inquinamento. L'inquinamento è una minaccia? Ben altri sono i problemi: continuiamo a discriminare gli omosessuali e gli immigrati...

Il benaltrismo è la posizione del solone che vuole mostrare di saperla lunga, indicando dal pulpito le vere urgenze, mentre si crogiola in quella che è una sostanziale e impotente inerzia. Ciò che il benaltrista non fa è focalizzare i passi successivi da compiere vagliando problemi e soluzioni con sensata priorità: «Un viaggio di diecimila miglia inizia con un singolo passo» diceva il saggio. Secondo il benaltrista, inizia con ben altri passi.

bizzeffe

biz.zèf.fe

S Gran quantità, usato solo nella locuzione *a bizzeffe*.
E Dall'arabo *bi-zaf* 'in abbondanza'.

Ha un certo gusto *rétro* e un suono felicissimo e colorito che fa sentire bene. Molte e fantasiose sono state le ipotesi etimologiche che hanno tentato di spiegare l'origine della locuzione *a bizzeffe*.

Una pseudoetimologia piuttosto diffusa vorrebbe derivasse dall'abbreviazione della firma del funzionario

amministrativo «facente funzioni» (*f.f.*, due volte effe, quindi *bis-effe*), ponendo il significato della parola, quindi, in relazione con la mole di scartoffie burocratiche che il facente funzioni, appunto, si ritrovava a dover firmare a *bis-effe* per risparmiar tempo.

Secondo un'altra, suggerita nel 1688 da Paolo Minucci nelle sue Note al *Malmantile riacquistato* di Lorenzo Lippi, l'origine dell'espressione andrebbe invece ricercata nell'antica storia romana. Secondo Minucci, il magistrato romano, quando intendeva accogliere la supplica di chi gli compariva davanti, apponeva al memoriale la dicitura *fiat*, cioè 'sia'. Invece, quando l'accoglimento era pieno, immediato e senza riserve, rafforzava la dicitura standard scrivendo *fiat fiat*. E anche in questo caso, sarebbe stato per esigenze di brevità che l'apposizione del magistrato sarebbe diventata *f.f.*, da cui ancora una volta *bis-effe*; e chi fosse tornato soddisfatto dall'udienza del magistrato, avrebbe detto di aver ricevuto grazia a *bis-effe*.

Ingenuità di chi crede che una parola possa irradiarsi da origini tanto cavillose. Forse l'origine araba – questa, verificata – è meno divertente. Ma solo se non consideriamo la meraviglia di un'influenza linguistica esercitata tramite secoli di commerci nel nostro bel Mediterraneo.

blachennomio

bla.chen.nò.mio

S Tassa sulla stupidità.

E Dal greco *blakennómion (télos)* 'tassa sulla stupidità', composto di *blax* 'pigro, stupido' e *nómos* 'legge'.

Nella Grecia ellenistica, e in particolare ad Alessandria d'Egitto, esisteva un'imposta stupenda, il blachennomio. Questa tassa andava a colpire i redditi degli astrologi: infatti già allora era ben noto come quella

fosse una delle professioni più versate a spennare gli sciocchi; e visto che lo stupido, per un verso o per un altro, rappresenta sempre un costo per la società, sembrava giusto che la collettività attingesse ai guadagni di chi ci ingrassava sopra. Va detto che *blakennómion* nasce con una funzione aggettivale: di per sé significava qualcosa di simile a 'regolastupidi'; è stata poi l'ellissi di *télos*, che fra i suoi significati annovera anche quello di 'tassa', a far diventare il blachennomio, in pratica, un sostantivo che sintetizza in sé il significato intero di 'tassa sulla stupidità'. Notiamo anche che la stupidità di cui ci parla questa parola non è generica: si tratta specificamente della stupidità che nasce dalla pigrizia. Potrei rendermi conto che sto facendo qualcosa di sciocco, ma riflettere mi fa fatica. Fortunatamente l'intuizione del blachennomio non è andata perduta: oggi lo chiamiamo SuperEnalotto. Ma che dire del Gratta e Vinci? Con la parola *blachennomio* ci si potrebbe riferire a tutti i componenti della famiglia di introiti che lo Stato si garantisce tassando, callidamente, la sciocchezza pigra dei cittadini, che inseguono il miraggio di guadagnare senza lavorare.

boicottaggio
boi.cot.tàg.gio
S Ostacolare un'attività isolandola.
E Dal nome del capitano inglese *Charles Cunningham Boycott*, vissuto nell'Ottocento.

Boycott era amministratore terriero di una contea irlandese appartenente a tale lord Erne. Questo Boycott era una persona scorretta: pagava i lavoratori meno del pattuito e vessava come poteva i dipendenti. Inutile dire che era odiato da tutti, ma la risposta collettiva ai suoi comportamenti fu delle migliori: i braccianti iniziarono a rifiutarsi di lavorare le terre che gestiva.

Così in poco tempo le tenute andarono in malora e Boycott fu licenziato. Oggi per boicottaggio si intende soprattutto un'azione di mercato organizzata, volta a evitare l'acquisto dei prodotti di una certa azienda al fine di far pressione perché modifichi le sue politiche ritenute scorrette: si può boicottare un'azienda per le condizioni inumane dei suoi lavoratori, perché impiega sostanze nocive, perché si disinteressa alle istanze ambientaliste. Il boicottaggio non è più quindi quello del bracciante di Boycott, ma del consumatore: con l'acquisto il consumatore finanzia e vota, e attraverso il boicottaggio, più o meno concertato, esercita il proprio potere per indurre un cambiamento in un agente del mercato.

Un altro tipo di boicottaggio molto importante è l'ostruzionismo che l'opposizione può fare durante l'iter parlamentare di una legge, e che consiste nell'allontanare il più possibile il momento della sua appprovazione con sistemi in sé ammessi, come il proporre alla discussione miriadi di emendamenti.

buggerare

bug.ge.rà.re (io bùggero)

S Truffare, ingannare; anticamente, sodomizzare.

E Dal latino medievale *Bulgarus* 'Bulgaro'. In Bulgaria ebbe gran vigore l'eresia patarina, e così il bulgaro divenne per antonomasia l'eretico, ma perfino l'usuraio e il sodomita.

Con questa innocente parola non si va per niente per il sottile. Proprio per niente: nella sua ricca storia nasconde infatti una vivacissima trivialità. Il significato normale di 'ingannare', 'truffare' che questa parola ha, con i suoi splendidi connotati ironici e la sua morbida sonorità, scaturiscono da un'immagine sinonimica che, senza parafrasare, è *metterlo in culo*. È un'immagine

inossidabile, che ha attraversato i secoli con l'imperturbabilità di un olivo millenario.

Come si può immaginare, degli eretici, specie in Italia, non si diceva un gran bene, e fra le qualità che si attribuivano loro con intento offensivo c'era anche quella di una spiccata inclinazione verso la sodomia. Precisiamo che *sodomia* è parola aulica e dispregiativa per indicare atti omosessuali. Che umoristi, questi medievali, eh?

Ad ogni modo, se a qualcuno capitava di farsi truffare al mercato, era chiaro che, come si suol dire ancora oggi, lo avevano buggerato; se qualcuno cerca di mentirmi per suo tornaconto, ora come allora sta cercando di buggerarmi – e la vivace immagine di riferimento resta chiara nel modo di parlare di tutti.

burbero
bùr.be.ro
S Scostante, poco cordiale – che cela però un animo buono.
E Sconosciuta; forse ha qualcosa a che vedere col latino *bùbulus* 'bovino', o forse ha radice onomatopeica, affine a *borbottare*.

Ciò che questa splendida parola denota è una qualità complessa: infatti se da un lato il burbero è ruvido, scostante o perfino scortese, dall'altro questo atteggiamento non è segno di vera cattiveria: piuttosto tradisce la volontà di tener nascosta una parte di sé più sentimentale e tenera. È un'immagine molto densa, sorretta da un suono che già di per sé evoca il broncio, e che si incide profondamente nella fantasia: il personaggio scortese ma dal cuore d'oro è una figura archetipica.

È quindi burbero il vicino di casa che non saluta mai e parla a monosillabi ma ti lascia davanti alla porta un cestino con le primizie del suo orto; è burbero il

professore che si mostra severo e sorride di rado ma in sede di scrutinio difende i suoi allievi a spada tratta; è burbera la cagnolina inavvicinabile che ha una triste storia alle spalle e abbaia a tutti, salvo sciogliersi quando decide di fidarsi e aprire il suo cuore.

Il burbero è chi tiene gli altri a distanza di sicurezza dalla sua parte più delicata.

busillis
bu.sìl.lis
S Difficoltà, ostacolo, enigma.
E Derivato da un'errata divisione in sillabe dell'espressione latina *in diebus illis* 'in quei giorni'.

La leggenda narra di un religioso che, mentre era intento a tradurre il Vangelo, arrivò a un'espressione che proprio non riusciva a capire: leggeva infatti *in die busillis* (nel giorno *busillis*) o magari *Indie busillis* (in India *busillis*). Il problema era quel *busillis*, di cui nessuno sapeva il significato. La realtà è che, per un'errata trascrizione dell'amanuense o per proprio errore, il chierico era rimasto intrappolato in una divisione errata delle parole: l'espressione che cercava di tradurre doveva piuttosto leggersi *in diebus illis*, cioè 'in quei giorni'.

L'ameno raccontino ci schiude il significato del busillis: quando si sente esclamare «È un vero busillis» o «Qui sta il busillis», si intende denotare un ostacolo enigmatico difficile da sciogliere – come fu quello del chierico, che certe fonti vogliono allievo del celebre teologo Giovanni di Cornovaglia, vissuto nel XII secolo, il quale pure, interrogato sul significato di *busillis*, non seppe che dire.

E non si dovette trattare di un caso strano o isolato: dopotutto, la consuetudine di lasciare uno spazio fra le diverse parole risale alle porte dell'anno Mille.

bustrofedico
bu.stro.fè.di.co
S Modo di procedere, specie di una scrittura, che di riga in riga alterna il verso: prima da sinistra a destra, poi da destra a sinistra e così via.
E Dal greco *bustrophedón*, avverbio composto da *bús* 'bue' e *stréphein* 'voltare': al modo in cui si volge il bue che ara un campo.

È noto che scrivere da sinistra a destra come facciamo noi non è una pratica universalmente condivisa: gli Arabi e i Semiti scrivono da destra a sinistra, e nell'Estremo Oriente si è soliti scrivere dall'alto verso il basso. Un modo particolare di procedere fu la scrittura bustrofedica: in periodi e luoghi in cui il verso della scrittura non era stato ancora canonizzato, non era raro procedere alternando i due versi così come il bue che, arando, giunge alla fine del campo e si volta per tracciare una linea parallela alla prima – ribaltando le lettere. Questa scrittura si può rinvenire nelle iscrizioni più antiche degli Etruschi e dei Romani, o in lingue più lontane come il perduto *rongorongo* dell'Isola di Pasqua, e in certe iscrizioni indiane e peruviane. Senza contare che il *tifinagh*, l'alfabeto tuareg, a tutt'oggi non ha un senso preciso di scrittura, e viene spesso impiegato con andamento bustrofedico. Oltre al verso di scrittura, *bustrofedico* può indicare l'andamento attraverso le caselle di un gioco da tavolo, l'ordine con cui possono essere posate delle piastrelle, la fatica dell'addetto che al mare, a fine giornata, setaccia e liscia la sabbia del bagno vip.

C

cabotaggio
ca.bo.tàg.gio
S Navigazione costiera fra porti della stessa regione.
E Incerta. Forse dal nome del navigatore *Giovanni Caboto*, forse dallo spagnolo *cabo* 'capo', intendendo il navigare da capo a capo.

Cabotare significa navigare sottocosta di porto in porto: un tipo di navigazione adatto per le piccole imbarcazioni che abbiano da sbrigare trasporti e commerci minuti, senza affrontare il mare aperto. Così, con l'espressione *piccolo cabotaggio* si può indicare per estensione un'attività di poco rischio e scarsa importanza e prestigio, o un atteggiamento così inclinato. Si differenzia, sempre estensivamente, dal *grande cabotaggio*, espressione invero assai più rara, che invece tratteggia una navigazione e quindi un'attività o un atteggiamento più ambiziosi e importanti, che affrontino un pericolo superiore.

cairologico
cai.ro.lò.gi.co
S Del tempo inteso come 'occasione, momento opportuno'.
E Dal greco *kairós* 'momento opportuno'.

Una parola per niente facile e decisamente poco nota, ma ricca. Il concetto di tempo cairologico si contrappone a quello cronologico, che ci è più consueto: mentre questo considera il tempo nel suo sviluppo lineare e misurabile, quello ci racconta il tempo come

momento opportuno, terreno delle occasioni: il tempo maturo per compiere un'azione, adatto a cogliere la palla al balzo. Per meglio comprendere questo concetto ci si può rifare alle raffigurazioni antiche di Crono e di Kairòs (sì, anche Kairòs era una divinità, per quanto poco nota e adorata). Il primo è un terrificante titano di smisurato potere che divora i propri figli: il futuro viene continuamente inghiottito nel passato; Kairòs, invece, è un ragazzo con le ali ai piedi, un rasoio in mano e la testa rasata tranne che per un ciuffo davanti, sopra la fronte: per prendere Kairòs si devono avere riflessi affilati e mente acuta, essere pronti ad acchiappargli il ciuffo mentre sta arrivando, veloce come il vento; una volta passato non c'è più modo di raggiungerlo. E la mano, su una nuca rasata, non trova appiglio. Certamente non è facile usare questa parola: può essere capita solo in contesti alti, e forse veste in maniera un po' troppo ricercata un concetto che non è difficile esprimere altrimenti. Ma avere bene in mente l'immagine del tempo cairologico, il momento in mezzo al discorso in cui sai che puoi osare; l'istante in cui ti determini al bacio sapendo che è il momento giusto per rivelare la tua passione; l'ispirazione, cavalcata come un'onda improvvisa, del passo indimenticabile o del finale dell'opera; tutti questi momenti decisivi possono ricordarci che un tempo del genere esiste, un tempo in cui acciuffare Kairòs che scatta verso di noi, ed esiste solo per le persone sveglie.

callido
càl.li.do
S Scaltro.
E Dal latino *callère* 'aver fatto il callo', 'essere esperto'.

Latinismo piuttosto spinto e piuttosto obsoleto, ma stupendo. La callidità è quell'astuzia che viene allenata dall'esperienza; callido è il trucco dello stratega

che conosce a fondo il punto debole dell'avversario, callido è l'ingegnoso segreto con cui il vecchio liutaio sceglie il miglior legno per un violino, callido il tono emozionante e divertente con cui parla il professore che in decenni ha forgiato il suo metodo per far passare la materia, callida la cagnolina che ha imparato a farti sciogliere uggiolando e guardandoti da sotto in su, in modo da farsi dare quel biscotto.

camarilla

ca.ma.rìl.la

S Gabinetto dei monarchi spagnoli; piccolo gruppo che esercita un potere o un'influenza politica.

E Dallo spagnolo *camarilla*, diminutivo di *cámara* 'camera'.

Parola aggraziatissima e rara che avrebbe occasione d'essere usata più spesso. Definisce un gruppo di pressione a carattere precipuamente politico – e in questo si differenzierebbe dalla lobby, gruppo di pressione che si fonda invece su un'unità di intessi economici. Ha in sé la forza connotativa del potere e della corruzione della vecchia nobiltà spagnola: ampi ovattati saloni, in penombra, con drappi di broccato sulle poltrone e alle pareti grandissimi ritratti a olio del re a cavallo o in pesante armatura. Intorno al grande, lucido tavolo di legno massiccio, immobili nelle plastiche masse dei rigidi abiti di velluto, il sovrano, i consiglieri, i cugini, i cardinali, che a voce bassa e con modi raffinati decidono le sorti della Spagna e del mondo.

Così le forze della Direzione Investigativa Antimafia irromperanno screanzatamente nella casa, segnando la fine di una camarilla mafiosa con gli scatti metallici delle manette; così la camarilla di politici e banchieri, riunita per suprema ironia in qualche palazzo istituzionale, rimarrà ammutolita dal profilarsi di una si-

tuazione che è sfuggita di mano, dell'esaurirsi di un potere assoluto che non hanno usato con parsimonia; e analogamente la titanica decisione sul film da vedere (è la sera della festa del cuginetto che compie otto anni) verrà affrontata e risolta da una camarilla di bambini – non compassatissima – scegliendo Harry Potter.

cammeo

cam.mè.o

S Gioiello inciso, minuto e prezioso; brevissima apparizione cinematografica o teatrale di un personaggio celebre.

E Dall'antico francese *camaheus*; la sua derivazione è incerta: potrebbe arrivare dallo slavo *kamenj* 'pietra', dal greco *kaméin* 'lavorare faticosamente', oppure sempre dal greco *kómma* 'incisione'. Qualcuno vuole che abbia una radice in comune con *gemma* o che giunga dall'arabo *gama'il* 'bocciolo di fiore'.

Il gioiello-cammeo consiste in una figura incisa su una pietra che ha la particolarità di essere stratificata con sfumature diverse: nella sua creazione questa caratteristica viene sfruttata per colorare diversamente i piani e le figure più o meno sporgenti. Un'idea meravigliosa che ha suscitato la fantasia degli artigiani d'ogni tempo. Per estensione, relativamente alla dimensione ridottissima e al grande valore, la parola è passata nel gergo dello spettacolo per indicare la comparsata in una pièce teatrale o in un film di un personaggio noto, anche non un attore. Spesso è lo stesso regista: ad esempio, Alfred Hitchcock adorava farne.

canicola

ca.nì.co.la

S Periodo dell'estate in cui le temperature sono più alte. Grande caldo.

E Dal latino *canicula* 'cagnolino', antico nome di Sirio, stella più luminosa della costellazione del Cane Maggiore.

Fra il 24 luglio e il 26 agosto il Sole sorge e tramonta insieme alla stella Sirio, la più brillante del firmamento notturno, che fa parte della costellazione del Cane Maggiore. In questo periodo dell'anno il caldo è più intenso, e anticamente si pensava che ciò potesse essere in qualche modo collegato alla congiunzione fra Sirio e il Sole. Si tratta ovviamente di una coincidenza casuale – ma questa congiunzione ha attecchito con forza nell'immaginario antico.

Così *canicola* oggi indica, in generale, un momento di suprema calura, in cui il sole picchia con maggior forza e l'aria è massimamente torrida. Dal pulpito della televisione i medici sconsiglieranno di esporsi al sole canicolare; quelli che poche settimane fa si lagnavano del freddo oggi deploreranno la canicola; e in città, fra gli incandescenti riverberi del cemento e dell'asfalto, le persone procederanno chinate e a passo svelto per sfuggire alla canicola nel rifugio di un edificio con aria condizionata.

Mia nonna raccontava di una volta in cui, durante una nevicata di gennaio, si trovava in un negozio, ed entrò una signora intirizzita che scrollandosi la neve di dosso esclamò: «Brr! Fuori fa un freddo canicolare!». Ecco, va tenuto a mente che questa parola significa sì una temperatura estrema, ma solo nel senso del caldo.

caramogio

ca.ra.mò.gio

S Persona piccola e deforme; nome di una statuina di porcellana che rappresenta un personaggio deforme e ridicolo.

E Dal persiano *kharmūsh* 'grosso topo'.

Questa parola, di registro alto, come appellativo però non è certo lusinghiera; e anzi è inquadrabile come offesa. Il caramogio è la persona piccola e grottesca, espressivamente accostata al grosso topo: una visione insieme ridicola e ripugnante. Certi dizionari riportano che il significato si estende fino al balordo, ma in questo senso perde molto del suo colore: fra ratti e balordi il salto è grande. In maniera molto appropriata, invece, *caramogio* è stato usato anche come nome per certe statuine grottesche di porcellana, che raffigurano personcine deformi e caricaturali. Non è difficile trovare qualcuno a cui – a essere cattivi – si attagli questa parola: di persone fisicamente piccole e con l'aspetto difettato o addirittura disgustoso, purtroppo ce ne sono. Ma la sua desuetudine la rende incomprensibile per la maggioranza dei parlanti, e perciò, pragmaticamente, poco spendibile. Comunque un termine che con tanta forza ci permette di attribuire i caratteri del topo resta una grande risorsa comunicativa, da tenere in considerazione, anche in controtendenza rispetto alle mode linguistiche. Purché, certo, si rinunci a essere gentili.

carato

ca.rà.to

S Unità di peso delle pietre preziose; indice di purezza delle leghe auree; in generale, un ventiquattresimo.

E Dall'arabo *qirat*, ventiquattresima parte di una moneta, il dirham, a sua volta dal greco *kerátion* 'carruba', i cui semi venivano usati per pesare preziosi – diminutivo di *kéras* 'corno', per via della forma.

La cultura popolare attribuiva ai semi del carrubo la qualità di essere tutti identici: quale migliore metro quindi per pesare oggetti piccoli e preziosi, pietre e metalli? Facendo una media, si arrivò al valore ormai

convenzionale: il peso del carato, nel sistema metrico decimale, è individuato in 0,2 grammi.

I carati aurei, invece, si riferiscono in ventiquattresimi alla purezza dell'oro: un'oncia d'oro a diciotto carati contiene diciotto parti d'oro e sei parti di altri metalli – quello a ventiquattro è puro. Gli usi di questa parola, così diversi e consolidati, hanno dunque origine da passaggi che se non fossero veri sarebbero difficili da immaginare: dal piccolo corno della carruba alla moneta araba, fino al ventiquattresimo per antonomasia – tanto che perfino gli armatori o gli investitori di capitali dividevano e compravano navi e titoli in carati, intendendo ventiquattresimi dell'intero. E oggi ponderare la caratura di un'idea, di una persona, di un'opera, resta il giudizio importante, meticoloso come quello del gioielliere, sul suo concreto valore.

catafratto

ca.ta.fràt.to

S Cavaliere munito di armatura completa, che copre uomo e cavallo; coperto interamente, corazzato.

E Dal greco *katáphractos*, formato da *katá* 'intorno' e *phrássein* 'chiudere, coprire'.

Dal nome di temibili cavalieri del mondo antico, che militarono nelle file dei Parti, dei Romani e dei Bizantini, ci arriva un'immagine molto suggestiva: un cavaliere coperto interamente dall'armatura – un tutt'uno di metallo, dall'elmo ai garretti. Non proprio il ritratto dell'agilità, ma egregiamente protetto. Certo oggi pare difficile parlare di catafratti in senso proprio: compaiono soltanto in discorsi di storia militare o di storia dell'arte; ciononostante, si tratta di una parola che invita la fantasia a correre negli usi figurati.

Si può parlare di bigotti catafratti in una morale retriva, intellettualmente immobili e invulnerabili; al

parco, d'inverno, si vedono torme di goffi bambini catafratti in piumini gonfissimi; e ci si può godere un film catafratti in un divano avvolgente sotto una coperta tirata fino al mento.

catalizzare

ca.ta.liz.zà.re (io catalìzzo)

S Sottoporre a catalisi; in generale, indurre, favorire o accelerare un processo.

E Dal greco *katálysis* 'scioglimento'. Termine coniato nel 1836 dal chimico svedese J.J. Berzelius.

Ancora una volta, le immagini e i termini della scienza chimica mostrano la loro capacità di presa sul linguaggio comune. Il catalizzatore è quella sostanza che, senza essere consumata, prende parte a una reazione chimica, accelerandola. Senza scendere in particolari più specifici, balza agli occhi la discrezione di questo ruolo: il catalizzatore è presente durante il processo, e vi partecipa in maniera distinta, senza ritrovarsi mescolato agli altri agenti protagonisti – e questa presenza comporta un'influenza decisiva non per l'esistenza di un processo, ma per la sua utile rapidità.

Un interesse comune potrà catalizzare il nascere di un'amicizia; nella calura estiva un luogo fresco, ombroso e solitario catalizzerà lo studio; un bravo provocatore catalizzerà la discussione al termine di una conferenza.

catartico

ca.tàr.ti.co

S Purificatorio.

E Dal greco *kathartikós* 'che purifica', da *kátharos* 'puro'.

La capacità di purificare è stata attribuita a una grande varietà di situazioni, di influenze, di riti, di

arti. Strumento catartico per eccellenza è il fuoco. Ma non solo. Ora è catartica la liturgia religiosa che espia colpe e negatività, ora la rappresentazione teatrale che illimpidisce i sentimenti, adesso la musica che induce uno stato dell'animo sereno e terso, o ancora la poesia – e si può comunque procedere ancora, fino al semplice dialogo con l'amico che rende più trasparente il proprio pensiero, e poi di nuovo su, al contatto col grande maestro, che fa svaporare incoerenze e turbamenti.

Ma è catartico anche il litigio violento, dopo il quale tutto il nodo delle cose non dette è sciolto.

Le occasioni in cui la catarsi opera sono moltissime e quotidiane; e se purtroppo questa splendida parola è rimasta relegata in un registro elevatissimo e immobile, sta a noi farla filtrare nel parlato.

cateratta

ca.te.ràt.ta

S Chiusa che regola la portata d'acqua di un canale; cascata, rapida; in oculistica, opacizzazione del cristallino per ossidazione delle proteine che lo costituiscono.
E Dal greco *katarráktes* 'che precipita', da *katarássein* 'gettare giù', formato da *katá* 'giù' e *rásso* 'erompere, precipitare'.

Le cateratte – o cataratte (forma più simile all'etimo) – nel lessico geografico sono dei punti di un corso d'acqua in cui il normale flusso è rotto e si crea una cascata, o una serie di cascate, o di rapide. Da molti secoli l'uomo, vivendo lungo i fiumi, adatta l'ambiente circostante alle proprie esigenze, arrivando quindi a creare cateratte artificiali per regolare il deflusso delle acque: saracinesche, chiuse e dighe che a valle aggiustano la continuità della portata per evitare inondazioni, a monte allargano bacini lacustri.

Per metonimia, *cateratta* indica tanto la cascata quanto la chiusa. Quando in una bella giornata di giugno si esce allegri e vestiti leggeri, all'improvviso si aprono le cateratte del cielo in un diluvio di proporzioni bibliche; quando in auto si cerca disperatamente parcheggio, marciando piano, puntualmente si viene incalzati da cateratte di camion che chiedono strada con barriti terrificanti; quando l'età avanza, la vista da falco viene minacciata dalla cateratta, che si chiude a saracinesca sulla luce delle cose.

cenotafio

ce.no.tà.fio

S Monumento funebre per persona sepolta altrove, o le cui spoglie sono andate perdute.

E Dal greco *kenotáphion* composto di *kenós* 'vuoto' e *táphos* 'tomba'.

Non di rado monumenti funebri eretti nelle nostre città e nelle nostre chiese non custodiscono veramente le spoglie mortali di coloro alla cui memoria sono stati dedicati. Si tratta, allora, di cenotafi. Sono forse dei tributi al ricordo ancora più elevati delle tombe che prive di corpo non sono; meno concreti, più puri: ad esempio, nella celebre chiesa fiorentina di Santa Croce, in mezzo alle decine di sepolcri di celeberrimi Italiani del passato (Machiavelli, Michelangelo, Galileo...), c'è il malinconico cenotafio di Dante, ripensamento maturo e pieno di vergogna al poeta esiliato e sepolto a Ravenna.

Così, al cenotafio resta comunque tutto il grande potere evocativo dei sepolcri, di cui cantò Ugo Foscolo.

Secondo un certo uso, possono dirsi cenotafi anche i monumenti funebri eretti in ricordo di moltitudini di persone morte in un certo evento: pensiamo a quelli

in memoria dei caduti in questa o in quella guerra. Ma c'è una cifra che distingue il cenotafio dal generico monumento alla memoria: l'apparenza di tomba. Il cenotafio deve essere una tomba vuota. E se davanti a un monumento si passa con indifferenza, davanti a una tomba è più difficile.

cibernetica
ci.ber.nè.ti.ca
S La scienza che studia in teoria e in pratica la riproduzione mediante sistemi artificiali dei meccanismi di autoregolazione di organismi viventi e coscienti.
E Dal greco *kybernetikè téchne* 'l'arte del pilota', da *kybernáo* 'dirigere, governare'.

È una di quelle parole che incontriamo spesso, che spesso usiamo, sappiamo più o meno a che cosa si riferisce, ma nel particolare, in realtà, non abbiamo idea di cosa voglia dire. La cibernetica è quel fronte di scollamento fra la macchina e l'uomo per cui la macchina non riesce ad autoregolarsi pienamente con iniziativa propria, fa solo ciò che è precedentemente programmata a fare – mentre gli esseri viventi hanno selezionato per miliardi di anni, fino all'uomo, meccanismi di reazioni automatiche e libere, volontà, pensiero creativo illimitato. La cibernetica cerca di riprodurre nelle macchine questa illimitatezza e questa autonomia; e nella sua versione più forte, anche chiamata Intelligenza Artificiale, cerca di replicare quella cosa sommamente umana che è la consapevolezza di sé: la coscienza che dice: «Io».

Il nome per un concetto così complesso scaturisce – attraverso l'idea di «dirigere» un automa – da un'immagine semplice come quella del timoniere, il *kybernétes*, ma a quale immagine migliore pensare? Il timoniere appare come la volontà della nave, il *ghost*

in the machine – e la cibernetica è proprio il tentativo di sviluppare un timoniere per corpi altrimenti inerti, né più né meno di una struttura galleggiante.

cifra

cì.fra

S Singolo segno con cui si rappresenta un numero dallo zero al nove, nel sistema arabo.

E Dall'arabo *sifr* 'nulla, zero', calco sul sanscrito *sunya* 'zero, vuoto'.

Non solo un segno grafico. Quando un testo o un contenuto viene espresso attraverso cifre che lo mascherano, si dice che è *cifrato*. E allora, per metafora, la cifra diventa la chiave di lettura di un contenuto, di un sistema, di uno stile.

Così come lo zero apre la successione numerica intera – simile al *la* di una sinfonia, numero come gli altri ma anche da tutti gli altri diverso –, così la cifra rivela, spiega, mette sul tavolo un sistema. In sé è singola, ma già prelude a un'infinità di articolazioni successive. Si comporta come una chiave, che però apre porte immateriali. E il decifrare non è altro che lo scoprire questa cifra, comprendere il sistema, lo stile. E diventarne padrone.

ciofeca

cio.fè.ca

S Bevanda di sapore cattivo, in particolare succedaneo del caffè; per estensione schifezza, cosa di scarsa qualità.

E Incerta; forse dallo spagnolo *chufa* 'mandorla per l'orzata'; forse dall'arabo *shafaq* 'bevanda cattiva'; spesso è collegata a *carciofo*, ma senza gran fondamento.

Nella storia del nostro paese, patria dell'espresso, tuttavia non sempre è stato facile reperire del buon

caffè, e la ciofeca, almeno nel significato più popolare che ha assunto ai nostri tempi, indica appunto tipicamente un succedaneo del caffè, fatto con orzo, fave o varie piante (fra cui perfino il carciofo): una bevanda pessima, che del caffè poteva ricordare forse, e solo nel migliore dei casi, l'odore.

Parola originaria del sud Italia, si è diffusa massicciamente anche grazie al mezzo cinematografico: Totò la usa spesso, nei suoi film, arrabbiandosi perché «Questa è una ciofeca, non è un caffè!». Oltre al caffè cattivo, la ciofeca è tutto ciò che fa schifo, che è di scarsa qualità, che vale poco in confronto a come dovrebbe essere: un tiramisù arrangiato può riuscire una ciofeca, uno può essere una ciofeca a giocare a calcio, per Natale ti possono regalare una ciofeca di scopa elettrica.

clone
cló.ne
S Organismo geneticamente uguale a un altro, ottenuto senza fecondazione.
E Dal greco *klón* 'ramoscello'.

Concetto tutt'altro che semplice. Qual è l'identità di un albero? Se ne separi un ramo e lo ripianti o lo reinnesti, questo è un nuovo individuo? È da questa immagine, dalla talea, che nasce il concetto di clone come lo intendiamo noi. Il clone è la copia genetica perfetta di un individuo. E se nel patrimonio genetico risiedesse l'identità di un vivente, la clonazione genererebbe un insieme di viventi che hanno la stessa identità. Diversa «ipseità» – cioè esisterà comunque un 'proprio questo individuo' –, ma uguale identità. Tuttavia forse l'identità è qualcosa di più complesso della serie interminabile di basi del nostro DNA.

Il patrimonio genetico è un patrimonio di informazione, perciò è stato naturale estendere il concetto

di clone all'ambito delle tecnologie informatiche: carte di credito clonate, software clonati: qui forse con migliore immediatezza rinveniamo la comunanza di identità fra cloni.

Ritornando agli aspetti più cruciali, la clonazione ci riesce qualcosa di spaventoso: la rapportiamo subito all'eventualità della clonazione umana, al pasticcio coi geni. Spavento non ingiustificato. Se clonare un fegato potrebbe schiudere le porte di cure miracolose, sono pur sempre in gioco problemi identitari, cioè problemi profondi, viscerali, assiologici, che per essere affrontati richiedono una vasta saggezza.

Ma non dimentichiamo che due gemelli monozigoti (chi non ne conosce almeno una coppia?) sono pur sempre geneticamente identici: due cloni fatti dalla natura, che poi la vita, cominciando dalla gestazione, ha piano piano differenziato.

coacervo
co.a.cèr.vo
S Mucchio disordinato.
E Dal latino *cum* 'insieme' e *acervus* 'mucchio': ammucchiare.

Parola aggraziata per un concetto non aggraziato. Esistono molti sinonimi con varie sfumature per esprimere l'idea di mucchio disordinato, e se tante volte nel comunicare può servire il colore dell'accozzaglia, la massività del cumulo, il numero di ingredienti del miscuglio, altre volte può essere necessario esprimere quell'idea in maniera posata ed elegante. Il coacervo è quel che ci vuole in questi casi.

La città del Vicino Oriente può essere un coacervo di popoli e culture diverse; ereditata la biblioteca dei nonni si vuole mettere ordine in quel coacervo, scovando frammenti di memoria conservati nei libri con

un appunto, una cartolina; da un coacervo di proposte si può tirare fuori l'idea giusta per il progetto cercato.

conclave

con.clà.ve

S Riunione dei cardinali chiamati a eleggere il papa, e luogo in cui questa avviene.

E Dal latino *conclave* 'camera, stanza chiusa a chiave', formato da *cum* 'con' e *clavis* 'chiave'.

Una parola che definisca specialmente una stanza chiusa a chiave ci suona strana: oggi praticamente tutte le stanze possono essere chiuse a chiave. Ma questa parola nasce in un tempo in cui la tecnologia delle serrature era ancora molto arretrata e costosa, e una stanza che poteva essere chiusa a chiave – così come un baule, o un forziere – doveva contenere qualcosa di veramente importante. Ad esempio, il diritto romano era particolarmente severo verso chi rubasse o falsificasse la chiave della cella vinaria.

Oggi, per antonomasia, il conclave è passato a indicare il luogo chiuso a chiave per eccellenza: il consesso dei cardinali elettori del nuovo papa. Da quello è stato esteso a indicare genericamente una camarilla, una riunione d'alto profilo, magari con una sfumatura ironica.

Da secoli il conclave si svolge in modo da essere isolato dal resto del mondo, all'interno di un edificio che non ha contatti diretti con l'esterno, in maniera da evitare interferenze e pressioni sul voto. Se un simile impianto è documentato sin dall'elezione di Gelasio II nel 1118, il termine *conclave* risulta usato ufficialmente per la prima volta da Onorio III nel 1216; ma fu un'altra elezione a essere considerata comunemente il vero primo conclave: nel 1268 morì Clemente IV. La sede papale era a Viterbo, e iniziò quindi l'adunanza dei cardinali elettori. Tanti erano gli interessi

in gioco e le opposte fazioni: nonostante i cardinali fossero solo una ventina, la vacanza della carica pontificia durò quasi tre anni. I Viterbesi presero allora le redini della situazione: per sottrarre l'elezione a quelle pressioni che la rendevano così inconcludente, chiusero i cardinali in una grande sala del Palazzo dei Papi. A chiave. Poi, per indurli a finire presto, gli razionarono il cibo, e arrivarono a scoperchiare parte del tetto: dopo tre settimane, ai cardinali fu concesso di occupare anche il resto del palazzo – da cui comunque non potevano uscire. Nel 1271, dopo un anno e mezzo di clausura e due cardinali morti (un conclave bestiale), a uscirne papa fu Gregorio X, che subito ufficializzò e organizzò l'istituto del conclave con la Costituzione *Ubi Periculum*, incentivandone la celerità con la solita tattica del razionamento del cibo. Dopo tre giorni, ciascun pasto veniva ridotto a una singola portata; dopo altri cinque giorni, solo pane e acqua. E vino. Chissà perché, il conclave successivo durò un giorno solo.

considerare

con.si.de.rà.re (io consìdero)

S Esaminare, valutare; aver presente, tenere in conto; reputare.

E Dal latino *considerare* 'osservare gli astri', formato da *cum* 'insieme' e *sidus* 'stella', 'costellazione'.

Parola più nobile di quanto appaia quando scivola, comune, nel parlato. Considerare qualcosa significa esaminarlo come si farebbe con gli astri da cui si vuol trarre un auspicio, inserirlo nel contesto di un celeste quadro siderale.

Così una variabile da considerare ha tutta la dignità di un importante elemento di interpretazione in un disegno del firmamento; se qualcuno ci invita a conside-

rare i vantaggi e gli svantaggi di una scelta, suggerisce di prenderli in esame come se dovesse essere stabilita la previsione del nostro stesso destino; se consideriamo una persona un fratello, nel cuore del nostro progetto è come se scegliessimo, per lei, il significato di un astro benedetto e beneaugurante.

coprolalia

co.pro.la.lì.a

S In psichiatria, impulso anormale a parlare oscenamente; in generale, tendenza al turpiloquio.

E Composto di *copro-* e *-lalìa*, rispettivamente dal greco *kópros* 'sterco' e *lalía* 'chiacchiera'.

Al di là dell'uso tecnico che se ne fa in psichiatria, questa parola si presta molto bene a indicare con un registro elevato e con un tono distaccato la tendenza al turpiloquio. I riferimenti osceni sono una parte della lingua e della vita da sempre vivissima. Ma la coprolalia è una tendenza che è limite alla comunicazione, un parlare osceno che diventa l'unico o il principale orizzonte espressivo, che mina il «principio di cooperazione» di Grice: dai il tuo contributo così come ti è richiesto, nel momento giusto, secondo i fini e la direzione del discorso in cui sei impegnato. Perché se è indubbio che nel momento giusto una parolaccia o un riferimento sconcio può inserirsi armonicamente in un discorso e farne esplodere l'espressività, è anche indubbio che si tratti di un'azione delicata da calibrare.

La coprolalia, fuori dall'orizzonte clinico, denuncia un livello di pensiero che non si riesce a emancipare (o che non si vuole emancipare) dalla superficialità di circuiti comunicativi facili, coloriti ma privi di senso e di grazia. «Non si può parlare sempre e solo di ciò che sta nelle mutande» (SLV).

cornucopia
cor.nu.cò.pia
S Corno colmo di frutti e fiori, simbolo di abbondanza.
E Dal latino *cornu* ‘corno’ e *copia* ‘abbondanza’.

Una cornucopia è in generale qualcosa che elargisce senza fine: ma che cosa scroscia dalla cornucopia? In origine era simbolo legato alla fertilità del terreno: le allegorie dell’abbondanza riversano dalle loro cornucopie frutta, spighe, fiori. Da qui la predilezione araldica per questo simbolo; infatti quale segno può essere miglior sintesi e auspicio della prosperità di una contrada o di una famiglia? In tempi più recenti, con l’allontanamento dalla terra madre e dai cicli immortali della natura, ci siamo abituati a veder uscire dalla cornucopia gettoni d’oro – telefonate, telefonate, telefonate!

Per estensione, un brillante pubblicitario può essere una cornucopia di idee, il pasto luculliano può parere imbandito con una cornucopia, il vecchio professore è una cornucopia di sapere.

Un po’ di mitologia. Che cos’era la cornucopia? È notevole la costanza della mitologia nel costruire la lingua. Infatti torniamo a Creta, con Zeus poppante che viene allevato dalla capra Amaltea in vista dello scontro con Crono. Il giovane dio mostrò fin da piccolo abilità e poteri colossali, e una volta, da bambino, giocando con la capra nutrice, capitò che le spezzasse un corno. La capra ferita fu curata da una ninfa, Melissa, che allora Zeus premiò donandole il corno spezzato di Amaltea riempito con fiori e frutta: da allora avrebbe profuso ogni cosa desiderata dal suo possessore. Altra versione vuole che invece la cornucopia fosse il corno spezzato di Acheloo, divinità fluviale, figlio di Oceano e padre delle sirene, che lottò (perdendo) contro Era-

cle per la mano della bella Deianira: ne prese tante che poi non l'avrebbe riconosciuto nemmeno sua madre. Teti, per la precisione.

corrivo

cor.rì.vo

S Che scorre; avventato, permissivo.

E Da *correre*, che è dal latino *currere*.

Parola poco nota e poco usata, benché si rifaccia a un'immagine così comune e intuitiva: il corrivo è ciò che scorre – o meglio, ciò che si lascia scorrere. Se è corrivo il torrentello primaverile che rapido fila a valle tagliando il bosco, può non essere corriva la fila alle poste; se è corrivo il soggiacere all'incitamento pubblicitario per acquistare un attrezzo da ginnastica che stagionerà per anni sotto la polvere, e se, anche con estranei, l'amico alticcio è corrivo nel parlare, un padre rigoroso può non essere corrivo con gli errori del figlio. Veramente una parola vivace.

corrusco

cor.rù.sco

S Brillante.

E Dal latino *coruscare* 'scuotere, cozzare con le corna', poi 'lampeggiare'.

Parola aulica, di grande raffinatezza: il corrusco è un'attribuzione più specifica del brillante, dello scintillante – qualità vaghe –, né si esprime esternamente tramite l'azione di un verbo come il barbagliare o il balenare: è un attributo, una proprietà.

Il corrusco è uno splendore agitato, aggressivo, quasi violento, come le lucide corna del bufalo, come la canna liscia di un fucile, come la penna dello scomodo giornalista d'assalto.

Attenzione: un cielo corrusco non è un cielo corrucciato e quindi coperto di nubi: è un cielo luminoso, che manda bagliori formidabili.

crapula

crà.pu.la

S Esagerazione negli stravizi, specie nel bere e nel mangiare.

E Dal greco *kraipále* 'ebbrezza'.

Più usato nel senso generico di ingordigia che nel senso dell'inclinazione all'ubriachezza. Il derivato diretto, *crapulone* – colui che eccede in crapula –, è raro; ma per le sue doti ironiche e sintetiche, oltre che per la perfetta sonorità, meriterebbe un posto di maggior considerazione nel nostro vocabolario. Noi l'usiamo troppo poco, ma rimedia zio Paperone, che dà sempre del crapulone a Paperino.

D

débacle
de.bàkl
S Sconfitta, batosta.
E Dal francese *débâcle*, da *débâcler* 'liberare, disgelare'.

L'immagine è quella del disgelo che provoca un'alluvione: e in effetti è un significato che questa parola può ancora avere. Ma l'uso più ampio è quello figurato: la débacle è un disastro clamoroso, una grave sconfitta. Infatti il romanzo di Zola, *La débâcle*, tradotto non a caso in italiano col titolo *La guerra*, narra della sconfitta di Sedan. Talvolta si trova usata in un senso che non le è proprio, vista la vaga assonanza con *dibattito*: prima di usare una parola straniera per impreziosire un discorso, si deve esser sicuri di conoscerne bene il senso. Si potrà quindi parlare di una débacle elettorale, o di una débacle calcistica, o amorosa.

Anche se il modo corretto di scrivere questa parola sarebbe *débâcle*, visto che l'accento circonflesso non fa parte dei caratteri italiani, è uso semplificarne l'ortografia, scrivendo *débacle*: l'importante è che, a colpo d'occhio, il lettore possa capire che si tratta di una parola francese. Davanti alla scritta *debacle* senza l'accento acuto sulla *e*, chiunque avrebbe un momento di incertezza.

dedalo
dè.da.lo
S Labirinto.
E Dal nome di *Dedalo*, mitico scultore e architetto greco.

Il nesso col mito la rende una parola nobile, che rievoca scenari epici, poetici e di grande tensione: l'opera di Dedalo non è semplicemente un labirinto, è *il* labirinto per antonomasia, scuro e tortuoso come nessun altro, e per di più, col mostro dentro; che però non tarpa le ali alla speranza di uscirne. Quindi il reticolo di strade fitto e intricato che caratterizza tanti centri storici delle nostre città potrà dirsi un dedalo; ironicamente, l'organizzazione di un evento potrà perdersi in un dedalo di inezie; una poesia di Baudelaire ci potrà abbandonare in un dedalo di sentimenti contrastanti, una di Tagore potrà trarcene fuori.

Un po' di mitologia. Qual è la storia di Dedalo? Dopo aver per invidia ucciso il proprio talentuoso nipote che lavorava con lui, Dedalo, architetto e scultore, dovette fuggire da Atene, e trovò rifugio a Creta. Nel frattempo Poseidone aveva inviato a Minosse, re di Creta, un toro stupendo da sacrificargli; ma il toro era così bello che Minosse non volle ucciderlo, e ne sacrificò invece un altro. Al che Poseidone non reagì in maniera eccessivamente compassata, e fece nascere in cuore a Pasifae, moglie di Minosse, un travolgente e voluttuoso desiderio nei confronti di quel gran bel toro. Entrò quindi in gioco Dedalo che, per realizzare il segreto desiderio di lei, le costruì di nascosto una vacca di legno in cui lei si nascondeva per unirsi al toro. Il figlio che ne nacque, il Minotauro, comprensibilmente non piacque troppo a Minosse, che quindi commissionò a Dedalo un labirinto intricatissimo da costruire a Cnosso, in cui rinchiudere il vivace bimbo-toro. Il solerte Dedalo compì bene il suo lavoro, ma si vide rinchiuso anche lui nel labirinto, insieme al figlio Icaro (avuto da una schiava di Minosse): dopotutto, lui conosceva il disegno di quel labirinto, e non si poteva certo correre il rischio che lo rivelasse ad altri. Ma il

levantino Dedalo, con piume e cera (che ci è oscuro da dove abbia preso, ma così è), costruì due paia d'ali, e col figlio fuggì volando alla volta della Sicilia. Sappiamo purtroppo che fine fece Icaro. Ma Minosse, infuriato, continuò a dare la caccia all'architetto, finché, dopo tutte le vicende che tirano in ballo Teseo, non lo trovò in un regno siciliano, dove però il re cretese finì ucciso vigliaccamente dalle figlie del re presso cui era ospite, mentre era nella vasca da bagno: Dedalo aveva evidentemente un grande appeal sulle principesse. Nell'ultima parte della sua vita Dedalo si trasferì in Sardegna. Ottima scelta.

demagogo

de.ma.gò.go

S Presso gli antichi Greci, uomo di Stato e oratore; chi si accattiva il favore popolare con promesse e lusinghe.
E Dal greco *demagogós*, composto di *démos* 'popolo, distretto' e *agogós* 'conduttore', da *ágo* 'guidare'.

Il demagogo è colui che fonda la propria azione politica sulla lusinga e sulla promessa – strumenti con cui riesce ad attrarre l'attenzione e il consenso della massa popolare. Non importa che le lusinghe siano campate in aria, e che le promesse siano tanto lunghe quanto fantasiose: il demagogo asseconda, nelle sue concioni, i desideri e le aspettative delle masse, specie se scontente, facendo della penuria di senso critico la propria forza.

Il demagogo non è necessariamente carismatico, e usa delle leve che non necessitano di speciali magnetismi e ispirazioni ideali: si muove più in basso, ben al di sotto di cervello e cuore; come interlocutrici sceglie le viscere, gioca sui bisogni, sulle vanità e sulle irrazionalità, inventando nemici e indicando vie maestre.

Si tratta di un demone senza tempo, forse eterno, che è fondamentale saper riconoscere; e come insegna

la migliore tradizione mistica, è chiamando il demone col suo nome, che lo si tiene in scacco.

deontologia

de.on.to.lo.gì.a

S Codice etico; trattazione dei doveri.

E Termine coniato dal filosofo inglese Jeremy Bentham, appare per la prima volta nel 1834 in un suo trattato postumo; dal greco *déon* 'dovere' e *lógos* 'discorso, studio'.

La deontologia inizia a respirare partendo dal presupposto che il fine non giustifica i mezzi, ma che il fine deve determinare anche il mezzo. Tipicamente si parla di *deontologia professionale*, intendendo l'insieme di norme e comportamenti che emanano da codici etici per professioni a elevato rischio morale. Dopotutto chi più dell'avvocato, del medico, dello psicologo, nella loro libertà e nella loro posizione di potere, ci fa percepire la necessità di una statuizione etica che stia a monte del libero arbitrio del singolo? Singolo che potrebbe ben vedere i limiti deontologici come vincoli da eludere, come confini, in fondo, nebulosi, come inciampi rispetto ad azioni che avrebbero un respiro così più ampio, senza paletti etici... Singolo che invece può difendere e per proprio conto rafforzare la deontologia comune – che diventa pavimento, garanzia, e, come ogni giusta legge, forza del debole.

A un livello più alto di astrazione la deontologia, in quanto asserzione morale organica e sistematica, si mostra come formalizzazione dell'etica spontanea e intuitiva, capace di razionalizzare ed esprimere i valori identitari di una persona o di un gruppo: asserzione che quindi, chiarendoci le idee su noi stessi, sul giusto e sullo sbagliato, ci aiuta ad avvicinare ciò che si è a ciò che si vuole moralmente essere; in-

somma, l'essere al dover essere; appunto, l'ontologia alla deontologia.

desiderio

de.si.dè.rio

S Aspirazione, impulso ad appagare un bisogno fisico o spirituale.

E Dal latino *desiderium*, che alcuni vogliono formato da *de* 'da' e *sidera* 'stelle', nel senso della «mancanza delle stelle».

Se di per sé questa parola ha un significato splendido, una simile derivazione è fra le più belle che si possano incontrare. Chi abbia mai provato un desiderio veramente potente per qualcosa che gli sia parso alto e irraggiungibile, potrà facilmente ritrovarsi in questa origine.

Va però chiarito il nesso originale fra il desiderio e la mancanza delle stelle: qual è il sentiero che li collega? Secondo alcuni, il desiderio era il sentimento dei sacerdoti che nelle notti nuvolose non potevano trarre auspici dai corpi celesti, e che anelavano a uno sprazzo di sereno; secondo altri, ed è un'ipotesi piuttosto accreditata, in origine il *desiderare* latino avrebbe significato 'cessare di contemplare le stelle a scopo augurale' – e quindi la brama dell'avverarsi, che subito segue; ma altri ancora notano che, nel *De bello Gallico* di Cesare, sono chiamati *desiderantes* i soldati che di notte, sotto le stelle, attendevano il ritorno dei commilitoni che avevano combattuto durante il giorno – e possiamo immaginare con che sentimento.

diaframma

dia.fràm.ma

S In generale, superficie di separazione; in sensi più specifici, muscolo respiratorio che separa il torace

dall'addome, schermo forato che regola l'impressione della luce nelle macchine fotografiche, e disco per l'ostruzione anticoncezionale.

E Dal greco *diáphragma*, dal verbo *diafrásso*, formato da *diá* 'attraverso' e *frágma* 'chiusura'.

È una parola che vive quasi esclusivamente nei suoi significati specifici, in ambito medico e fotografico. Altrove è pressoché introvabile. Ma la poesia di una superficie di separazione è versatile, e si può facilmente vedere quanti altri diaframmi esistono e quale sia la loro intima bellezza.

Un museo, sala vuota, penombra, la teca silenziosa in cui sta chiusa in assoluto silenzio una statuetta di giada dagli occhi a mandorla. Ti avvicini e la guardi, separata da te solo dal sottile diaframma del vetro, che riflette la luce bassa della stanza.

L'amata, con la camicetta di seta leggermente stropicciata. Le appoggi una mano sulla schiena e la seta è un sensibile diaframma che solo suggerisce la sua pelle.

Il muslim, purificatosi con le abluzioni rituali, sta inginocchiato su un finissimo tappeto Kashan, prezioso diaframma che lo separa dalla terra mentre volge la sua preghiera a Dio.

dignità

di.gni.tà

S Condizione di nobiltà; compostezza, decoro; alto ufficio, carica; (con senso ormai desueto) assioma.

E Dal latino *dìgnitas*, derivato di *dignus* 'degno, meritevole'.

Come accade a tutti i concetti primi e fondamentali, la dignità è tanto pronunciata, ma poco sondata nella sua essenza. Il latino *dignus* è un ricalco del greco *áxios*, che vuol dire a un tempo 'degno' e 'assioma'. Questo è un punto fondamentale. Da quel che forse

sapremo di matematica o di filosofia, l'assioma è un'asserzione, una verità evidente e condivisa, che prescinde da dimostrazioni: tale è la dignità. Un valore intrinseco che scaturisce dall'essere umani, uno status ontologico che non dipende da alcuna scelta, azione, da nessun'altra qualità.

La dignità è l'intima, indimostrabile nobiltà dell'uomo; e l'intima, indimostrabile nobiltà di ogni essere (animale, pianta, roccia), postulato e pilastro su cui si fonda l'intero castello dei diritti civili, della vita civile, della cultura civile, della civiltà. Nel momento in cui venisse meno questa idea di dignità (come per lungo tempo è stato e come ancora in troppi luoghi è), e ci si discostasse, ad esempio, dall'idea tanto assurda quanto necessaria che Hitler e Schindler abbiano la medesima dignità umana, ontologica – acquistata con l'esser nati da un grembo di donna, adamantina, impossibile da scalfire o migliorare, sia pure con le azioni umanamente più immonde o pure – la nostra società precipiterebbe in un baratro di caste impermeabili, di discriminazione cieca, arbitraria, schiantandosi nuovamente sul fondo dell'abisso di ingiustizia che ha faticosamente scalato in cinquemila anni di storia.

D'altra parte, quando si parla di dignità spesso più che un pilastro fondativo si ha in mente una guglia di valore, da asserire con fermezza, forse, non perché esiste, ma perché esista. Mentre la stessa parola, quando circola con i suoi altri significati di decoro e di istituzione, ammantata di severità e onore, mantiene sì un certo peso, ma perde il lato più vertiginoso del suo significato.

diro

dì.ro

S Crudele, spietato; grave.

E Dal latino *dirus* ‘sinistro’, ‘orribile’, ‘spietato’.

In latino questa parola ebbe dapprima un significato religioso; nel lessico dei sacerdoti *dirus* significava ciò che è di cattivo augurio, sinistro. Si può quindi immaginare che fosse riferito a un presagio, ma anche all’evento funesto che prevedeva, e a chi lo avrebbe realizzato. Oggi *diro* è un aggettivo di registro solo letterario, che può essere usato in maniera più generica rispetto all’omologo latino: il crudele può diventare il forte, il grave. Così può essere diro il destino a cui porta una scelta avventata; può essere diro il sentimento che ci nasce in cuore dopo un tradimento o una delusione; diro il desiderio intenso e catastrofico. Certo, è una parola difficile da usare, non perché descriva una qualità inconsueta, ma perché sono rari i contesti in cui viene compresa facilmente. Nella sua sintesi è un distillato di forza, che oltre a poter contare su una grazia struggente, richiama un immaginario antico, in cui il funesto era compreso in maniera profonda e profondamente temuto. Qualcuno noterà che *diro* è foneticamente breve e semplice, per essere un termine di uso così raro. Siamo abituati che più una parola è comune e frequente, più è breve: l’articolo (*il*) e la copula (*è*) sono brevissime, *pane* è più breve di *prosciutto* e *casa* è più breve di *edificio*. Mentre *terribile*, *spietato* e *crudele* sono più lunghe di *diro*, benché molto più frequenti. Ma la cosa si spiega col fatto che questa paroletta l’abbiamo presa di peso dal latino, dove invece aveva ben altra circolazione. Purtroppo per i Romani.

discolo

dì.sco.lo

S Indisciplinato, che si comporta male.

E Dal greco *dýskolos* ‘fastidioso’, ‘intrattabile’.

La piega che ha preso questa parola è molto dolce, rispetto ai suoi significati antichi – ignorante, incontentabile, e prima ancora fastidioso; certo erano più variegati e vivi: ora il discolo è solo il ragazzo refrattario alle etichette, scavezzacollo, ma visto con occhio benevolo e sorridente; raramente si può trovare bene riferito a un altro soggetto – e forse, fuor di poesia, mai.

Si tratta, insomma, di un’attribuzione graziosa e limitatissima: un ricciolo concluso della lingua.

discrasia

di.scra.sì.a

S Alterazione; in particolare, nella composizione sanguigna; nella medicina ippocratica, alterazione dell’equilibrio fra gli umori.

E Dal greco *dyskrasía* ‘cattiva mescolanza’, formato da *dýs-* peggiorativo e *krásis* ‘mescolanza’.

Si tratta di una parola di ampia applicazione: fuori dagli usi medici di alterazione nei fluidi vitali, mantiene il senso di un generale squilibrio, di una disfunzione. Ma l’immagine etimologica è molto forte e netta, e ci viene in aiuto: una cattiva mescolanza fra vari elementi necessari può paralizzare il funzionamento di un organo, far soffrire una realtà complessa di uno scoordinamento dannoso, imporre un’incoerenza sofferta – insomma, la discrasia è una mancanza di armonia, con tutte le possibili conseguenze.

Si potrà allora osservare dentro di noi una discrasia fra i diversi obbiettivi suggeriti da bisogni in conflitto; si potranno censurare gli sprechi dovuti alle discrasie di un’amministrazione arrangiata o clientelare; e una discrasia in un gruppo di lavoro renderà necessario un momento di confronto più aperto e sincero.

draconiano
dra.co.nià.no
S Rigoroso, severissimo.
E Da *Dracone*, nome di un arconte e primo legislatore di Atene, vissuto nel VII secolo a.C.

Dracone era un vero duro. Le leggi che promulgò, pur avendo avuto il merito di arginare le faide della giustizia privata e di iniziare il discorso sul diritto penale in Occidente, non sono ricordate per la loro illuminata civiltà, né per il particolare spirito democratico, né per la serena temperanza. Si tratta di leggi durissime, ferree – che in concreto prevedevano la pena di morte o la schiavitù per reati anche minori, e con forti discriminazioni a seconda del censo di appartenenza. *Draconiano* resta quindi ciò che è oltremodo rigido e severo: il padre veteroborghese alleverà i figli con rigore draconiano, lo Stato reazionario in difficoltà promuoverà pene draconiane, l'allenatore sottoporrà la squadra che non rende a una disciplina draconiana.

drudo
drù.do
S Amante, innamorato.
E Dall'antico provenzale *drut* 'amico', 'amante'.

Parola rara e preziosa, che di rado capita di ascoltare, e purtroppo ormai quasi solo in senso spregiativo. Nasce fra i vibranti versi della poesia d'amore trobadorica, simbolo d'amori antichi, prime emancipazioni dal medioevo. Una relazione normale è una relazione normale; ma se una persona si indica come drudo, ecco che si manifesta il sapore di un amore che quasi non osa pronunciare il proprio nome. E il suono è tenero, quasi buffo.

E

ebdomadario

eb.do.ma.dà.rio

S Settimanale; e anche pubblicazione settimanale.

E Dal latino tardo *hebdomadarius* ‘settimanale’, da *hebdòmada* ‘settimana’, che viene dal greco *hebdomás* ‘gruppo di sette’.

Questa parola è ormai desueta: vive nel ricordo di chi l’ha vista soppiantata dal più facile *settimanale*; e anche impegnandosi i suoi margini d’uso oggi restano davvero risicati. Insomma, a parte contesti aulici e usi tecnici, è completamente esiliata dalla nostra lingua. Anche se, sotto altre spoglie, ci si è ripresentata. Nel tragico caos seguito all’abominevole attentato contro un settimanale satirico francese, c’è stato poco spazio per riflessioni di questo tipo; ma nel nome di *Charlie Hebdo* troviamo proprio l’abbreviazione di quell’*hebdomadaire* che è l’omologo francese del nostro *ebdomadario*. In questa lingua, si tratta della parola comune per esprimere la cadenza settimanale. Insomma, il destino di una parola, come quello di una persona, può essere più o meno fortunato in paesi diversi.

ecmnesia

ec.mne.sì.a

S Stato psichico alterato in cui si rivivono ricordi come se fossero il presente.

E Formato dal greco *ek* ‘fuori’ e *mnésis*, dal tema di *mimnésko* ‘ricordo’.

Con questa parola si descrive un'alterazione dello stato mentale particolarmente suggestiva e sconvolgente: uno stato allucinatorio in cui la persona si rappresenta momentaneamente un ricordo antico come se lo stesse vivendo davvero. Dietro una descrizione così tecnica, molti riconosceranno il brivido di un'esperienza vissuta: bisnonni, nonni o genitori che, affetti da patologie senili, si ritrovano catapultati in un passato remoto, e che si comportano come se quell'allora fosse l'ora, chiedendo o raccontando come cronaca corrente di persone o luoghi o accadimenti persi fra i veli del tempo. Nulla vieta di estendere questo significato al di là dell'uso medico: pensiamo all'ecmnesia proustiana di quando assaggi di nuovo un dolce che ti davano da mangiare da piccolo, e con gli occhi vedi il giardino dove lo mangiavi. O quando ti ritrovi a fare, con i vecchi amici, un gioco che non facevi più da tanto tempo; e nulla è cambiato. O quando, rileggendo un libro, torni con tutto il corpo al momento in cui lo hai letto per la prima volta: il mare, il sudore, la pace, il frinire delle cicale. Ma forse il senso proprio di questa parola va difeso dalle inflazioni di un'estensione: è quasi uno stato sacro, davanti a cui esercitare la cura più intensa, in cui si assiste allo spezzarsi di una mente, in cui il passato di uno di noi diventa visibile per gli altri che non lo hanno vissuto, come quando, dopo il terremoto, lo sperone emerso dalla terra rivela strati sepolti da ere.

egida

è.gi.da

S Scudo di Zeus; protezione, difesa.

E Dal latino *aegis*, a sua volta dal greco *aigís* 'pelle di capra', con cui lo scudo era ricoperto.

Zeus aveva un gran bello scudo, opera di Efesto, assolutamente indistruttibile, foderato con la pelle

della dipartita capra Amaltea, che da piccolo lo aveva allattato quando era a Creta, e cresceva in forze per spodestare il padre Crono. Quando si dice portare i propri cari sempre con sé, nevvero? Anche se forse, a ben pensarci, con un gusto più da Paris Hilton che da Padre degli dèi.

Ad ogni modo, con questo scudo il grande Zeus, piuttosto che proteggersi (chi lo attaccava, Era arrabbiata? I padri delle fanciulle che possedeva a tradimento?), generava immensi fortunali: gli bastava agitarlo un poco e il temporale era bello che scatenato. Per completezza aggiungiamo che l'egida fu scudo o vestimento proprio anche di altre divinità, quali Atena, sua figlia, e Apollo.

Essere sotto l'egida di qualcuno dovrebbe significare ben più che essere sotto la sua ala, la sua protezione, il suo alto patronato: significa godere della difesa più sicura che si possa immaginare, e non passiva, ma capace con piccoli gesti di schiantare montagne, osteggiatori e denigratori.

Poi, nella realtà, un importante ciclo di mostre potrà svolgersi sotto l'egida del competente e carismatico ministro della Cultura; il solerte spaccio di droghe sintetiche verrà onorato con ordine sotto la benevola egida del mammasantissima mafioso; la missione umanitaria verrà lanciata al riparo della sgualcita egida dell'ONU; il quarantenne alle prese con la vita sarà sempre e comunque sotto la poderosa egida della mamma.

elegiaco

e.le.gì.a.co

S Che riguarda l'elegia; malinconico, triste.

E Dal greco *élegos* 'canzone di lutto'; forse potrebbe derivare metalinguisticamente da *e! e! légein* cioè 'dire ahi ahi!'.

L'elegia nasce come componimento poetico da cantare ai funerali; la sua forma, però, ebbe fortuna e travalicò in altri generi. Questa parola indica una malinconia affettuosa, di ricordo e anche di nostalgia. Il sentimento elegiaco è quello che fa parlare sottovoce e dir cose dolcissime. E non sono solo i grandi segni della morte a suscitarlo – i funerali, le gravi perdite. Basta sentir parlare di quell'amico che non si è più sentito, di quella storia finita forse troppo presto, o comunque, finita; di quell'estate e di quella cena di tanti anni fa – ti ricordi che dolce?

elucubrazione

e.lu.cu.bra.zió.ne

S Meditazione lunga e impegnata su qualcosa di complesso e ingegnoso.

E Dal latino *lucubrare* 'lavorare a lume di lucerna', derivato da *lùcubrum* 'candela', probabilmente formato da *lucem* 'luce' e *umbra* 'ombra', intendendo la candela come ciò che riluce nell'oscurità. È preceduto da un prefisso rafforzativo *ex-*. Il significato che risulta è quello di passare la notte vegliando intenti, all'opera – rischiarati da un lume di candela.

Può esistere un impegno massimo nell'affrontare un lavoro intellettuale, nel perseguire un obbiettivo di conoscenza; un impegno che non conosce riposo, tale è la trazione esercitata dal fine. Una meditazione, una riflessione, una concentrazione della mente che trova l'espressione più autentica nel silenzio solitario di un lume di candela, la notte. «Questo articolo è frutto di una lunga elucubrazione».

Forse è il suono di questa parola ad averle guadagnato una connotazione ironica e impieghi ormai soprattutto umoristici. O forse è solo la diffidenza che il nostro mondo moderno ha sviluppato per ogni forma

di impegno serio e per ogni pratica che comporti il ritirarsi da soli a pensare.

embricare

em.bri.cà.re (io émbrico)

S Rivestire con tegole, e in generale, coprire; sovrapporre.

E Dal latino *imbricare*, da *ìmbrex* 'embrice', tipo di tegola in laterizio.

In piedi su un tetto si può osservare la complessa armonia delle tegole: le une leggermente sovrapposte alle altre, proteggono la casa dalla pioggia – scivolando l'acqua dall'una sull'altra, senza possibilità di risalire oltre i bordi che stanno a monte e di penetrare nel solaio: la copertura con embrici, tegole coi bordi rialzati che si incuneano a trapezio l'una sull'altra e i cui interstizi sono protetti da coppi, cifra di confine fra il cielo e le case dell'Italia centrale, è forse il tipo di tetto che meglio racconta questa peculiare e simbolica sovrapposizione. Peculiare perché caratteristicamente parziale – come quella delle carte in mano che si nascondono vicendevolmente col dorso, come quella dei petali che si ricoprono l'un l'altro per creare il meraviglioso involto del fiore, come quella delle squame iridescenti di una guizzante sardina in banco.

Simbolica, perché come gli embrici anche alcune discipline, alcune argomentazioni, alcune competenze si possono sovrapporre – embricare proteggendo i propri punti deboli: lo studente brillante ma svogliato potrà embricarsi con lo studente meno acuto ma più metodico per superare un esame; il saggio medico suggerirà di embricare la conclusione di una terapia con l'inizio di una nuova e più adatta alle mutate condizioni del paziente; argomentazioni a favore della scelta

etica di un consumo critico potranno embricarsi con istanze sociali, ecologiche, economiche, e perché no, spirituali.

enantiosemia

e.nan.tio.se.mì.a

S Condizione per cui una parola assume un significato opposto a quello etimologico.

E Composto dal greco *enantíos* 'opposto' e dal tema di *semáino* 'significare'.

Non è raro trovare parole che possono significare il contrario di ciò che etimologicamente significherebbero; e più in generale non è raro trovare parole che possono significare allo stesso tempo qualcosa e il suo opposto. Si tratta di un tipo particolare di polisemia, cioè di condizione in cui una parola ha più significati.

Prendiamo ad esempio il classico caso di *feriale*: le ferie sono i giorni di festa, ma i giorni feriali sono i giorni di lavoro. E pensiamo all'*ospite*, che può essere sia chi accoglie sia chi è accolto; pensiamo al *tirare*, che significa sia lanciare via sia avvicinare a sé; pensiamo all'*affittare*, che può indicare tanto il prendere quanto il dare in affitto.

Ma come è possibile che una parola viva possa indicare utilmente una cosa e il suo opposto? Lo si potrebbe interpretare come un handicap, come una patologia della parola: se lo stesso segno significasse bianco e nero sarebbe paradossale, si incastrerebbe in un controsenso, genererebbe incomprensioni. Ma le parole definiscono la realtà: ciò che tentano di fare è ritagliare un significato dal grande foglio del mondo reale; significato che, una volta ritagliato, presenta due o anche più facce. Una volta che è stato ritagliato il verbo *cacciare*, questo potrà finire per indicare sia l'allontanare sia l'inseguire, e perfino il ficcare; una volta

che si è ritagliato l'aggettivo *alto*, questo potrà indicare sia il monte elevato sia il mare profondo; e *spolverare* un mobile e una torta è in un caso 'togliere', in un caso 'mettere della polvere'. Ce ne sarebbero tante altre, di parole enantiosemiche. Ma ciò che è rilevante è la comprensione di questo fenomeno del pensiero: qualche volta ritagliando un concetto ne ritagliamo anche l'opposto.

energumeno

e.ner.gù.me.no

S Persona adirata e violenta.

E Dal greco *energúmenos*, participio passato di *energéomai* 'essere attivo'; nel greco cristiano ha assunto il significato di 'posseduto (dal demonio), ossesso'.

È una parola che spesso viene usata in maniera impropria; infatti si crede che l'energumeno denoti il tipo grosso, minaccioso e di cervello non particolarmente fino. Invece l'etimologia ci rivela che l'energumeno non è il bestione, ma l'imbestialito. L'energumeno è chi ha perso la padronanza di sé, chi ha ceduto all'ira e si comporta come se fosse posseduto da un demone. Descrivendo una rissa, l'energumeno non sarà il gigante che non ha capito bene che sta succedendo ma intanto cerca di separare i suoi amici dagli altri; sarà invece il piccoletto che, incendiato dall'ira, mena e morde a destra e a manca, schiumando e lanciando grida belluine.

Insomma, l'energumeno ha cessato di significare direttamente il posseduto perché di posseduti non si parla più, ma è quella l'immagine a cui si riferisce questa parola. Anche se l'uso invalso (per cui l'energumeno è il figuro grosso e quindi favorito se decide di essere violento) probabilmente ne sta già definendo un nuovo significato.

entusiasmo
en.tu.sià.smo
S Stato di appassionata esaltazione.
E Formato dal greco *en* 'dentro' e *théos* 'dio'. Il dio dentro.

È una delle parole più belle che si possano immaginare. L'entusiasmo non è una semplice eccitazione partecipe. È qualcosa di più profondo, potente, massiccio. È il risvegliarsi di una forza che ci invasa, grazie alla quale non c'è meta che non sia a portata di mano, ostacolo che non possa essere abbattuto, collettività che non ne possa essere travolta e coinvolta. È lo stato d'animo attivo, centrato e sorridente che schiude l'infinita realizzabilità dei sogni.

epistemologia
e.pi.ste.mo.lo.gì.a
S Teoria e metodo della conoscenza, in particolare riferito alla conoscenza scientifica.
E Dal greco *epistéme* 'conoscenza' – a sua volta formato da *epí* 'su' e *hístamai* 'stabilire' – e *lógos* 'discorso'.

Non è una parola facile: ad esempio, gli ambiti di studio di questa disciplina si sovrappongono nebulosamente con altre discipline quali la gnoseologia e la filosofia della scienza. Grossolanamente si può però assumere che l'epistemologia sia branca con connotati scientifici della più generica gnoseologia (discorso sulla conoscenza scientifica), e rispetto alla filosofia della scienza sia quasi sinonimo. Il fatto che nel mondo anglosassone il termine *epistemology* sia usato per indicare anche la gnoseologia, annebbia fastidiosamente le cose.

Questioni bizantine a parte, il ruolo dell'epistemologia è fondamentale: essa permette, a monte dei contenuti di ricerca, una riflessione critica sui me-

todi da adottare per essere scientifici e reperire conoscenza di buona qualità; quindi anche sui limiti stessi della conoscenza. L'epistemologia mantiene onesta la scienza.

eponimo

e.pò.ni.mo

S Nel mito, personaggio che dà il proprio nome a un luogo o a una stirpe; nell'antica Grecia e nell'antica Roma, magistrato che dà il proprio nome all'anno in cui è in carica; in generale, chi dà il proprio nome a una scoperta, a un movimento, a qualcosa.

E Dal greco *epónymos*, formato da *epí* 'sopra' e *ónoma* 'nome'. Dunque 'che assegna (= mette sopra) il nome'.

Gli usi classici di questa parola sono piuttosto ristretti: sono eponimi i grandi personaggi, divini o eroici, che finiscono per dare il proprio nome a luoghi, città, stirpi. Pensiamo alla dea Atena che dà il nome ad Atene, al re Egeo che dà il nome al Mar Egeo, o alla *gens Iulia* romana, che aveva per mitico eponimo Iulo, figlio di Enea. Inoltre, gli arconti ad Atene e i consoli a Roma erano magistrati eponimi nel senso che davano il nome al periodo in cui erano in carica: ad esempio, a Roma, per indicare il 345 a.C. si sarebbe detto: l'anno in cui furono consoli Marco Fabio Dorsuo e Servio Sulpicio Camerino Rufo. Non sembra una computazione del tempo comodissima, ma così era.

L'uso di questa parola si è però molto esteso; si parla di eponimia in tutte le migliaia di casi in cui qualcuno dà il proprio nome a qualcosa: scoperte geografiche o scientifiche in genere, unità di misura, invenzioni, malattie, movimenti politici, scuole o circoli o stili artistici, stadi di calcio, di tennis e di pallone elastico, periodi storici, religioni, e perfino atteggiamenti e caratteristiche di cui un personaggio reale o

immaginario sia il rappresentante più insigne o proverbiale. Seguendo a ruota con esempi: Amerigo Vespucci eponimo d'America, Alessandro Volta per il volt, Rudolf Diesel per il gasolio o Louis Braille per il sistema di scrittura destinato ai non vedenti; e poi pensiamo al morbo di Alzheimer, alle tube di Falloppio, allo sciovinismo, al gabinetto Vieusseux, alle sedie Luigi XVI, a una vicenda kafkiana, al manicheismo, a un appetito pantagruelico. Tutti eponimi.

eristico

e.rì.sti.co

S Polemico, contenzioso, sofistico, ingannevole.

E Dal greco *eristikè (téchne)* 'arte della disputa', derivato da *erízo* 'contendo, gareggio', da *éris* 'contesa, lite'.

Si tratta di una parola non semplice, che però può essere spiegata efficacemente dando uno sguardo a quella che fu, nell'antica Grecia, la scuola eristica. Ai filosofi di questa scuola, sofisti di seconda generazione, interessava esclusivamente la disputa dialettica; in particolare, però, non si interrogavano su come aver ragione dell'avversario scendendo nel merito delle questioni della contesa: avevano come obbiettivo di distruggere la tesi avversa con la pura retorica, trascinandola nella contraddizione, nel paradosso. In effetti agli eristici non interessava proprio quale fosse la tesi da confutare. L'importante era confutarla. Dopotutto, uno dei capisaldi della teoria sofistica era proprio il relativismo gnoseologico: esistono tante verità quante sono le teste pensanti, e una vale l'altra. Sono rimasti celebri alcuni dei paradossi che erano soliti sbandierare: ad esempio, dall'affermazione «Io ho ciò che non ho perso» potevano desumere che ho le corna, dato che non le ho perse. Oggi questa parola viene usata soprattutto parlando di *arte eristica*, cioè un'arte polemica,

animata da spirito di opposizione, e talvolta per questo sterile. L'eristico, partendo dal senso di insistenza sugli aspetti retorici, può indicare anche l'ingannevole *tout court*. Si può quindi bollare come eristica l'argomentazione politica che si concentra su cavilli formali privi di spessore; si noterà come il successo in un esame sia più frutto di un'inclinazione eristica che di una solida preparazione, e si può indurre qualcuno a firmare un contratto con degli artifici eristici. Va però notato – come già notavano i Greci – che l'eristica non ha solo aspetti negativi: infatti sottende una profonda riflessione sulle parole e sul loro senso da parte di chi la pratica, e suggerisce di praticare la stessa riflessione e la stessa consapevolezza se non si vuole rimanerne vittime passive. In ultima analisi, poiché parlare è pensare, l'eristica rappresenta un energico richiamo alla chiarezza di pensiero, e alla bravura nel pensare.

esergo
e.sèr.go
S Nelle monete e nelle medaglie, spazio separato dal disegno principale in cui si riporta un motto, una data o la zecca; nelle opere letterarie, la citazione d'esordio.
E Dal greco *ex* 'fuori' ed *érgon* 'opera'.

Numismatica a parte (ché gli euro l'esergo non ce l'hanno, e di medaglie se ne vedono poche), il significato più rilevante risulta quello letterario. Infatti moltissimi libri hanno l'esergo, e anzi, quando non ce l'hanno dispiace. Si tratta di una citazione acuta, bella, poetica e calibrata, che attinge alle opere dei grandi autori e personaggi d'ogni tempo o alla saggezza popolare, prima fascinosa presentazione del libro; che diventa quasi una prima prova per lo scrittore dinanzi al nuovo lettore. La curiosità sta nel fatto che tutti hanno presente questa comunissima citazione d'apertura ma pochi conoscono

la parola che la descrive: adesso sappiamo come indicare quei corsivi che finito il bel libro torniamo a rileggere, e che ci fanno sorridere con un brivido, e che magari decidiamo di appuntarci, o di postare su Facebook, o di twittare a beneficio di tutti i nostri conoscenti.

eutrapelia

eu.tra.pe.lì.a

S Virtù del comportarsi piacevolmente e del divertirsi con misura.

E Dal greco *eutrapelía*, composto da *eu* 'bene' e *trépo* 'volgere'.

Se il vivere civile ha dei cardini, uno di questi è l'eutrapelia. Si tratta di una vera e propria virtù, per come è descritta nell'*Etica* di Aristotele e nel *Convivio* di Dante. Consiste nella capacità di vivere il divertimento in maniera piena ma moderata, specie in compagnia, e di rapportarsi agli altri in maniera piacevole e ridente. Aristotele la pone come giusto mezzo fra boria e buffoneria, e Dante la rimarca come inclinazione a godere convivialmente con cordialità e affetto. Due sono le chiavi di questa virtù: il sorriso e la misura. Certo la satira più graffiante e la più dignitosa serietà hanno le loro funzioni; ma nell'ottica della vita sociale conviene che a essere ricercata più di frequente sia l'eutrapelia. Vi si associano la capacità di trarre un piacere contento dalla situazione in cui ci si trova, una profonda comprensione degli altri, il saper tenere lo spirito leggero.

Etimologicamente è la virtù del 'volgere al bene', e come ogni virtù può essere esercitata. Ad esempio, si può nascere con un'inclinazione all'onestà, ma l'onestà va allenata per tutta la vita; e così è anche per l'eutrapelia. È un muscolo morale. Il saper trarre e offrire un piacere moderato, senza frigidità e sgangheratezze, è un'arte in cui non si finisce mai di progredire.

F

facchino
fac.chì.no
S Portabagagli, uomo di fatica che di mestiere trasporta pesi; cafone.
E Dall'arabo *faqih* 'teologo', 'giureconsulto', e poi 'sovrintendente alle dogane'.

Questa parola ci racconta la storia di una crisi economica di molti secoli fa. In antichità, nel mondo arabo islamico, il *faqih* era un dotto: dapprima poteva essere un sapiente teologo, un giurista erudito; poi passò a indicare un funzionario di alto livello che sovrintendeva e dirimeva le questioni doganali. Ma intorno al Trecento la grande espansione economica della galassia islamica giunse a uno stallo, e molti dotti e alti funzionari si ritrovarono senza lavoro. Allora si dovettero reinventare un mestiere che desse loro da vivere in modo onesto, e tanti si dedicarono al piccolo commercio delle stoffe, trasportandole loro stessi in spalla, di mercato in mercato.

Quindi, quando si parla di facchino intendendo la persona che fa da portabagagli in albergo o che sposta merci in magazzino, o magari estendendone il significato (in maniera invero sgraziata) allo zotico e al cafone, si porta in bocca la storia di una drammatica rivoluzione sociale.

faida
fài.da
S Guerra privata tra famiglie; in generale, stato di inimicizia perenne.

E Dall'antico tedesco *fehida*, da *feh* 'nemico'.

La faida è una cosa seria, purtroppo. Ce la ricordiamo tutti come cifra del medioevo, età di valori non negoziabili e di rude civiltà. Parallela alla giustizia processuale (allora facoltativa), nel mondo germanico esisteva la possibilità di farsi giustizia da sé usando la forza, là dove metodi più miti avessero fallito.

La faida era un vero istituto giuridico formalizzato: un'onta, un danno, una vita si risarciscono con altre onte, altri danni e altre vite. Ma la faida era ben più strutturata della barbara legge del taglione «Occhio per occhio, dente per dente»: uno scambio di cortesie che finisce solo quando finiscono (anagraficamente) le famiglie. Si trattava di un duello o di una guerra risarcitoria ben definita, col fine di ripristinare la pace fra le parti e di far espiare al primo offensore la propria colpa. Dopotutto si sa: sangue lava sangue (con buona pace delle nonne che invece consigliano acqua fredda subito, e sapone).

Comprensibilmente, il Sacro Romano Impero non guardava con simpatia a questi defatiganti esercizi di giustizia privata; ma l'istituto della faida era un'affezionata tradizione, e solo dopo secoli di vani tentativi l'imperatore Massimiliano I riuscì a sradicarlo. Ne fu sancita la fine in una delle tante diete di Worms, alle soglie del Cinquecento. Ma per fortuna ai nostri tempi ci sono un sacco di situazioni in cui questi regolamenti di conti ritrovano smalto e la faida risorge dalla sua tomba sassone: le faide tra posati vicini di casa, le faide tra onorati clan mafiosi, fra parimenti onorati politici e serpi di giornalisti, fra limpide imprese concorrenti; situazioni cui noi siamo così abituati, che finiamo per accettarle come se fossero istituzioni giustificabili.

fané
fa.né
S Sciupato, sfiorito.
E Adattamento della voce francese *fanée*, participio passato femminile del verbo *faner*, in particolare riferito alle erbe che vengono fatte seccare per ottenere il fieno.

L'immagine che ci dipinge questo prestito francese è aggraziata e piacevolmente concreta: il fané è lo sfiorito, l'appassito, così come sono le erbe che, lasciate a seccare d'estate, diventano fieno. Proprio per la sua delicata eleganza (eterna suggestione del francese) ci soccorre in quei contesti dove è facile urtare la sensibilità di qualcuno: insomma, fra una bellezza avvizzita e una bellezza *fanée* ci corre parecchio.

Questa parola, oltre a essere usata per indicare l'aspetto non più fresco di una persona, può anche essere riferita a oggetti e luoghi sciupati, in decadenza. Analogamente, in questi casi, la rovina avrà i connotati di una sfumatura delicata, quasi pittoresca: non è un caso se, leggendo la descrizione di un immobile in vendita, è decisamente più facile trovare parole come *rustico* o *fané*, piuttosto che *fatiscente* o *decrepito*. E quando l'amico ci presenta il tanto celebrato mobilio del suo salotto anni Venti, dire che è fané riesce senza dubbio più composto rispetto a dire che è buono solo per accendere il fuoco.

farraginoso
far.ra.gi.nó.so
S Confuso, sconclusionato, macchinoso.
E Dal latino *farrago*, derivato di *far* 'farro'.

Questa parola nasce dall'immagine del pastone per il bestiame: un'ammucchiata confusa di erbe e scarti tra cui, forse preponderanti, quelli del farro. Quindi il

significato principale è quello di un insieme confuso, di un viluppo disordinato. Allora potrà essere farraginoso un saggio che pretende di trattare troppi argomenti insieme, un film sconclusionato ed ermetico che abusi del *flashback*, o la conoscenza torbida e approssimativa che si ha di una disciplina. È però da notare un'estensione semantica che sta avendo un certo successo: l'immagine dell'ammasso disordinato si presta a significare anche il macchinoso, il complicato, ciò che non scorre. Forse sarà per l'accostamento analogico a *rugginoso*, forse sarà perché un mucchio caotico non porta alla mente l'efficiente armonia del meccanismo di un orologio: fatto sta che si parlerà di farraginoso anche quando la trama di un romanzo non fila, quando si lamenta la poca speditezza del sistema giudiziario, quando si giunge alla soluzione di un problema matematico attraverso un percorso inutilmente lungo e controintuitivo.

filippica
fi.lìp.pi.ca
S Invettiva, discorso duro e polemico.
E Dal nome delle *Filippiche*, orazioni che l'ateniese Demostene pronunciò contro il re di Macedonia Filippo II tra il 351 e il 340 a.C.

A metà del IV secolo avanti Cristo sull'intera Grecia incombeva da nord la potenza in espansione della Macedonia, guidata dal bellicoso re Filippo II, padre del poi ancor più bellicoso Alessandro Magno. Le città greche si trovarono a dover decidere se stringere un'alleanza al gusto di vassallaggio con la Macedonia, o invece attuare un'opposizione in campo aperto. Demostene, grande oratore e politico ateniese, in quattro discorsi si pronunciò con decisione contro Filippo II e sostenne con fermezza la necessità di entrare in guerra. Non riuscì subito a smuovere Atene contro l'invasore;

ci riuscì quando ormai il nemico era alle porte e c'era ben poco da fare. E quindi a ben poco servirono le sue *Filippiche*, che pure finirono col designare per antonomasia ogni discorso aspro e violento. Non a caso, quando un paio di secoli dopo, a Roma, Cesare fu fatto fuori e la contesa per il potere si fece durissima, Cicerone, pronunciando quattordici orazioni contro Marco Antonio, decise di chiamarle *Filippiche*, proprio modellandole su quelle di Demostene.

Ancora oggi è di grande impatto chiamare filippica un discorso polemico: sia che lo si faccia per marcare in modo aulico i connotati di violenza del discorso, sia che l'intento sia ironico, è cifra di un bel parlare. Si pronuncerà allora una filippica contro una decisione del sindaco, o davanti al pessimo bilancio di un'amministrazione, e a cena il nonno tirerà fuori la consueta filippica contro l'impiegato delle poste che a dir suo gli fa sempre male i conti.

forastico

fo.rà.sti.co

S Selvatico.

E Dal tardo latino *forasticus* 'esterno', derivato di *foras* 'fuori'.

Il perfetto contrario di *domestico*, l'opposta faccia della stessa immagine. Il forastico è ciò che non è addomesticato, che, idealmente lontano dalla casa, vive in uno stato selvatico, rustico. A questo si affianca la connotazione dello schivo, del poco socievole, del circospetto, dell'umbratile, che caratterizza ogni essere selvatico. Si tratta di una parola, quindi, molto ricca di sfaccettature. Sarà forastica una sposa non avvezza ai costumi della nuova casa (in questo senso lo usa spessissimo Elsa Morante ne *L'isola di Arturo*); sarà forastico l'abile giocatore di scacchi, burbero e solita-

rio, che non lega con nessuno, conosciuto sulla spiaggia; saranno forastici i gatti sospettosi che abitavano il campo da prima che fosse tuo.

forbire

for.bì.re (io forbìsco)

S Pulire; raffinare.

E Dal francone *furbian* 'pulire', in particolar modo le armi – forse stessa origine di *furbo*, caso vuole colui che figuratamente può ripulirti... le tasche: infatti si veda il francese *fourbe* 'ladro'.

Un parlar forbito è un parlare netto, pulito, limato di ogni asperità e lucidato di ogni ruggine, elegante come uno stiletto da cerimonia tirato a lustro. È parola che richiama un universo di buone maniere e gesti raffinati, che nella quotidianità affrettata difficilmente trova luogo. Sarà quindi forbita la domanda del distinto straniero che chieda indicazioni; sarà forbita la calligrafia precisa con cui viene decorata la costola di un libro antico; e il giornalista, finito l'articolo, lo forbirà dagli errori e dagli eccessi. Ma non scordiamoci del conte Ugolino! Che sarà anche all'Inferno a smangiucchiare il cranio dell'arcivescovo Ruggieri, ma resta pur sempre un conte, e in quanto tale non omette, prima di parlare con Dante, di pulirsi la bocca (con i capelli dello stesso prelato):

> La bocca sollevò dal fiero pasto
> quel peccator, forbendola a' capelli
> del capo ch'elli avea di retro guasto.

frattale

frat.tà.le

S Elemento matematico e in particolare geometrico che ripete la sua struttura su scale diverse.

E Dal latino *fractus* 'spezzato', da *frangere* 'rompere', per via della dimensione frazionaria degli elementi ripetuti.

Figura affascinante, archetipica: avvicinandosi con l'occhio, la montagna, prima il suo corpo immenso, poi il singolo sperone di roccia e perfino il solitario sasso in vetta, quasi ripete sempre la stessa forma; l'abete ha forma di abete nella sua interezza, e così in ogni ramo, in ogni rametto vi è l'intuizione di un abete.

Il broccolo romanesco è fatto di cuspidi eleganti, ognuna delle quali, guardata più da vicino, è fatta di cuspidi più piccole della stessa forma, che a loro volta sono fatte di cuspidi più piccole... e così via finché l'occhio può vedere. Proprio come le stupende rappresentazioni geometriche (e spesso policrome) di espressioni matematiche frattali quali un insieme di Julia o quello di Mandelbrot.

fricchettone
fric.chet.tó.ne
S Ragazzo anticonformista.
E Dall'inglese *freak* 'capriccio' (ma anche mostro).

Parola scherzosa nata con i movimenti giovanili degli anni Settanta, indica l'anticonformista, il ribelle che rifiuta le regole sociali tradizionalmente imposte e le ideologie convenzionali. Se la nobiltà delle ribellioni che tanto hanno fatto trasgredire e maturare i valori civili è palese, spesso l'apparenza fisica dei ribelli non era altrettanto nobile; e se questo di per sé è irrilevante, a oggi, abbandonati quasi tutti i moti di rivoluzione più saggi, rimane la larva, il guscio del fricchettone, che quindi cambia anche di senso e di valore, incarnando spesso una ribellione fine a sé stessa, una disobbedienza comoda, sbandata e non particolarmente fertile. La denotazione del fricchettone, così,

si è spostata sul lato simpatico e superficiale: non indica quasi più una tendenza ideologica o una tensione morale. Indica un modo di vestire fra il trasandato e lo stravagante, una certa inclinazione alla droga, una rilassata inerzia progettuale.

G

gavetta

ga.vét.ta

S Scodella di metallo per il rancio dei soldati; per traslato, periodo di apprendistato.

E Dal latino *gàbata* 'scodella'.

Si tratta di un termine mutuato dal gergo militare. Dato che la gavetta era il recipiente adatto al rancio dei soldati, *fare la gavetta* ha iniziato a significare il passare attraverso i gradi più umili per poi arrivare a quelli più alti di ufficiale o di sottufficale. La parola si è poi emancipata da questo contesto, e fare la gavetta ora indica, laicamente, compiere un qualsiasi periodo di apprendistato con mansioni modeste (ma non per questo poco formative). Certo si tratta di un'espressione nata in tempi in cui il tema del lavoro poteva non essere così delicato come è adesso: ora pensare alla gavetta porta con sé gli spettri del precariato, degli stage senza prospettive, dello sfruttamento. Ma resta un momento importante della formazione del lavoratore; di un lavoratore che non cala dall'alto di una titolata formazione accademica, ma si inserisce in una realtà risalendola man mano dalle basi, munito di costanza, determinazione e umiltà.

gincana

gin.cà.na

S Percorso di gara con difficoltà e ostacoli.

E Dalla voce indostana *gendkhāna* 'luogo dove si gioca a palla', composto di *gend* 'palla' e del persiano

khāne 'casa'; questa voce è poi passata attraverso l'inglese, che l'ha alterata sul modello di *gymnastic* 'ginnastica'.

In origine la gincana (o gimcana) doveva essere poco più di un parco pubblico, munito di qualche installazione per il gioco sportivo. Ed è proprio sull'incerto crinale che separa la chiarezza regolata dello sport e la confusione del gioco improvvisato al parco che nasce il concetto di gincana: infatti, con atteggiamento più occidentale, diventa una gara che consiste nel percorrere – a piedi, a cavallo, in bici, in moto o in auto – un percorso complicato da difficoltà fantasiose. In una gincana si possono trovare ostacoli, slalom, prove di abilità o di equilibrio, secondo ciò che l'immaginazione e i mezzi permettono.

Figuratamente la gincana diventa qualunque percorso difficile compiuto in maniera rapida, azzardata, spericolata – specie con spirito di gioco e competizione. Fa quindi una gincana il ciclista che salta fra piste, marciapiedi e auto inchiodate nel traffico tentando di giungere presto e vivo a destinazione; lo studente erasmus si trova alle prese con interminabili gincane burocratiche; e per sostenere la propria teoria il professore sfodera una contorta ma efficace gincana di argomentazioni.

glissare

glis.sà.re (io glìsso)

S Sorvolare su qualcosa, omettere approfondimenti evitando di dire tutto.

E Dal francese *glisser* 'scivolare'.

È una parola elegante, con una punta di ironia. Descrive un atteggiamento che non ha la negatività di un'omissione né l'imbarazzata reticenza dell'essere evasivi né la brutalità del completo tacere. È, appunto,

uno scivolare con nonchalance, da veri signori un sorvolare liscissimo, pattinato.

googol
gù.gol
S Numero che consiste in un uno seguito da cento zeri.
E Termine coniato nel 1938 da Milton Sirotta, nipote del matematico americano Edward Kasner, quando aveva nove anni. Nella meravigliosa intimità del rapporto fra nonno e nipote, un nonno matematico (e che matematico!), cercando un modo per suscitare l'interesse del nipote per la sua disciplina, gli chiese quale avrebbe potuto essere il nome di un numero grandissimo, ad esempio con un uno seguito da cento zeri (cioè dieci alla centesima); il nipotino rispose *googol*: un nome che ha tutto il sapore dell'esagerazione e dello stupore.

Questo episodio poteva anche avere poca rilevanza: infatti il googol è un numero che in matematica non ha particolare utilità, e niente in natura può essere contato con quel numero, che supera perfino quello degli atomi presenti nell'universo visibile. Ma nel 1997, durante un *brainstorming* per trovare un nuovo nome per il loro motore di ricerca, Larry Page e Sergey Brin scelsero proprio il nome di questo numero: un'evocazione della quantità di dati che avrebbe reso disponibile.

Caso volle che Sean Anderson, che partecipava al *brainstorming*, registrasse il dominio internet commettendo un errore di trascrizione, cioè adottando uno *spelling* che secondo le disordinate regole di corrispondenza fra l'ortografia e la pronuncia inglesi ammette esattamente la stessa lettura: *google*. Una storia che abbraccia esperienze umane fertili e diverse, bella da

trovare in un nome che si è ormai impadronito del nostro quotidiano.

gordiano

gor.dià.no

S Relativo a Gordio, antica capitale della Frigia e suo primo re; usato specialmente nell'espressione *nodo gordiano*.

E La leggenda narra che in tempi antichi il popolo dei Frigi volesse fondare un proprio regno. Si misero così a tirar su una nuova città, ma in questi casi, si sa, la prima cosa da fare è andare dall'oracolo – e così fecero, recandosi a Telmesso, in Licia. L'oracolo vaticinò che il primo uomo a entrare nella nuova città dei Frigi su un carro trainato da buoi sarebbe dovuto diventare il loro re. Manco a dirlo un contadino, di nome Gordio, entrò in città su un carro tirato da buoi e, in osservanza delle disposizioni dell'oracolo, ne fu fatto re. E le diede pure il nome.

Il carro con cui Gordio fece il fortunato ingresso nel mito venne conservato dalle generazioni successive. Qualcuno vuole che suo figlio fosse il re Mida, quello che trasformava tutto in oro, e che proprio questi avesse fatto sistemare il carro nel tempio della città, assicurato a un palo con un nodo così grande e intricato da entrare nella leggenda perché nessuno era in grado di scioglierlo: il nodo di Gordio. Dunque un'altra profezia aleggiava intorno a Gordio: chiunque fosse stato in grado di sciogliere il nodo sarebbe diventato il dominatore dell'Asia. Correva l'anno 333 a.C. quando il giovane Alessandro Magno, appena lanciato verso est nella sua corsa conquistatrice, fece tappa a Gordio, e volle provare a sciogliere il celebre nodo, già assaporando la realizzazione della profezia. Ma niente da fare. Al che optò per una soluzione «alessandrina» e, sfo-

derata la spada, troncò il nodo, che così fu sciolto. In effetti Alessandro Magno conquistò gran parte dell'Asia, e molti lessero in questo l'avverarsi della profezia; è altrettanto vero che la soluzione alessandrina – per quanto polso e decisione abbia potuto avere – sa un po' di imbroglio, e in questo altri lessero il pronostico del fallimento di Alessandro in una conquista totale dell'Asia.

Dopo ventitré secoli, il nodo gordiano resta nel nostro parlare il problema insolubile, che solo un'azione energica e creativa può superare. E resta anche la soluzione alessandrina, o il troncamento del nodo di Gordio, per indicare questa azione e altre del genere.

gotha

gò.tha

S Insieme delle persone di maggiore autorità in un particolare settore.

E Dalla città tedesca di *Gotha*, in cui veniva pubblicato l'*Almanacco di Gotha*.

L'*Almanacco di Gotha*, edito fra il 1763 e il 1944, era una pubblicazione che conteneva la genealogia delle case regnanti, nonché delle più importanti famiglie aristocratiche d'Europa. Così si iniziò a dire che al tal matrimonio fra teste coronate avrebbe partecipato tutto il gotha, intendendo per metonimia tutti i personaggi presenti nell'almanacco. L'estensione fuori dall'ambito dei titoli nobiliari è risultata facile: a quel tavolo si riunisce il gotha della finanza, nel tal programma televisivo viene riunito il gotha della critica culinaria, a quel congresso partecipa tutto il gotha della fisica nucleare.

Si tratta di una parola di stampo giornalistico, e di tono un po' ostentato. Forse è più elegante il prestito dal francese *élite*, che significa direttamente la stessa cosa, o il simpatico uso metaforico dell'italiano *crema*.

grammelot
gram.lò
S Nel lessico teatrale, imitazione della cadenza e della sonorità di una lingua o di un dialetto, ottenuta senza però articolare frasi di senso compiuto.
E Voce pseudofrancese, forse di origine onomatopeica, forse mutuata attraverso il veneziano dal francese *grommeler* 'borbottare'.

Il grammelot è un espediente espressivo dell'attore di teatro che consiste nel pronunciare un discorso con sequenze fonetiche inventate, le cui «parole» non significano niente ma imitano nel suono e nella cadenza una certa lingua o un certo dialetto. Un parlare maccheronico può anche essere lento, può voler farsi intendere; invece il grammelot è turbinante, e il significato che trasmette – ciò che racconta – è tutto nell'espressività dei suoni e della mimica attoriale.

Si tratta di uno strumento recitativo che nasce con le compagnie teatrali itineranti: muovendosi per l'Europa senza poter fare affidamento su lingue franche per farsi intendere, né sulla conoscenza di lingue straniere da parte del pubblico, la comunicazione doveva ricorrere anche a lingue chimeriche, intrecci fra dialetti – e il grammelot, pur dando una apparenza linguistica al discorso, e denotando la provenienza geografica del personaggio in scena, consentiva di mettere da parte qualunque difficoltà di comprensione.

Certo, magari anche l'amico che non parla una parola di inglese, il sabato sera, al pub, potrà prodursi in un grammelot d'alto livello parlando con delle studentesse americane; ma il nostro concetto è più di questo. Si tratta di uno strumento nobile, cui si arriva davvero solo con una riflessione su che cosa veramente significhi esprimere significati, e su quale sia il modo peculiare che ciascuna lingua ha di farlo. Il vero grammelot

è arte. È fulminante vedere Dario Fo improvvisare un grammelot e accorgerti che hai capito l'essenziale... senza capire una parola.

granguignolesco
gran.gui.gno.lé.sco
S Macabro, terrificante.
E Da *Grand Guignol*, nome di un teatro parigino che divenne famoso per i trucidi spettacoli che vi venivano messi in scena.

Il granguignolesco è il terrificante, il macabro, il sanguinoso, specialmente riferito a una dimensione di spettacolo – ed è una parola di grande potere immaginifico. Gli spiriti più delicati mal sopporteranno le scene granguignolesche della saga cinematografica di Hannibal Lecter; la ricostruzione storica di un documentario potrà indugiare sugli aspetti più granguignoleschi di un assedio; vari drammi, musical e film granguignoleschi potranno trattare l'incerta figura di Sweeney Todd, serial killer londinese dell'Ottocento.

Un po' di storia. Qual è la storia del teatro Grand Guignol? Nel 1897 Oscar Metenier comprò un teatro, e ne fece il Grand Guignol. Si trattava, in principio, di un teatro di marionette, che in particolare incentrava i suoi spettacoli sulla figura di Guignol, burattino popolare del teatro francese, un operaio della seta di Lione, rappresentante di una classe oppressa e desiderosa di riscatto. Gli spettacoli non erano dei più pacati, ma fu con i successivi direttori del teatro che il Grand Guignol sviluppò la propria vera cifra: se da un lato si iniziarono a mettere in scena personaggi e situazioni indecenti – rompendo tabù tradizionali, e ad esempio portando sul palco prostitute – negli anni della nascita della psicanalisi il vero tema diventarono le malattie mentali, le perversioni sessuali, la paura

che suscita l'altro, il diverso. Sul palco si avvicendavano delitti efferati e truculenti, affogati nelle droghe, nell'ipnosi, nel panico, nei raptus. Così quello che era il più piccolo teatro di Parigi acquisì tanta importanza da diventare il paradigma del macabro – benché mai innalzato agli onori ufficiali per l'ambiente losco che gli si generò intorno. Chiuse nel 1962. La spirale del gusto per il truce si allargò tanto da far collassare su loro stessi gli spettacoli del Grand Guignol, che diventarono parodie, o infruibili susseguirsi di violenze – ma più di questo fu la Seconda guerra mondiale a farlo crollare: prima della guerra tutti sentivano che quello che accadeva sul palco era impossibile; dopo, tutti tornarono a sapere che quelle cose, e cose peggiori, sono invece possibili. E nessuno volle più andare al Grand Guignol.

grottesco

grot.té.sco

S Ridicolo per bizzarrìa o deformità.

E Derivato di *grotta*, a sua volta dal greco *krýpte*, da *krýptein* 'nascondere'.

Riferito inizialmente alle pitture rupestri e poi a un certo tipo di affreschi decorativi, acquisisce il significato di 'ridicolo' nella Francia del Seicento. Ma non è un ridicolo qualsiasi.

La connotazione trae la sua forza più piena dall'inquietudine attonita di fronte al deforme, all'innaturale, alla bizzarra stranezza. È una caricatura sinistra, un comico paradossale e assurdo. Questo la rende una parola estremamente ricca, di potenza descrittiva vivissima, che colora la semplice e superficiale comicità di sfumature più forti.

Sarà quindi volutamente grottesco il fenomeno da baraccone, la barzelletta se detta nel posto o nel

momento sbagliato e, per chi lo sa davvero guardare, sempre e comunque il tronista di un programma televisivo.

guascone

gua.scó.ne

S Fanfarone, sfrontato; della Guascogna.

E Dalla *Guascogna*, regione sudoccidentale della Francia, il cui nome è dal popolo dei *Vasconi*, che abitava le province occidentali a nord e a sud dei Pirenei, e che diede il nome anche ai Paesi Baschi.

Il significato tradizionale è affine a 'millantatore, fanfarone, gradasso'; ma l'uso che è invalso lo devìa verso la disinvoltura, la sfrontatezza, la superbia o comunque l'esuberanza, e così la parola ne viene molto arricchita. Evidentemente gli abitanti della Guascogna non dovevano esser celebri per umiltà, sobrietà e timidezza: il guascone diventa lo spaccone per antonomasia, spavaldo e sicuro di sé, il che lo avvicina all'istrione nel modo di porsi con gli altri, ingombrante, teatrale, sfacciato, magnetico. Sarà un guascone il viveur con la lingua sciolta pronto a offrire un giro a tutti, il piazzista che riuscirebbe a vendere ghiaccio agli Eschimesi, il comico esagerato che non guarda in faccia nessuno.

Anche se può parere una parola di dispregio, la sua connotazione vitalistica permette accezioni estremamente positive, e ne è esempio il guascone per eccellenza, Cyrano de Bergerac, simbolo di queste ambigue virtù.

Invece nel termine *guasconata* prevale di più l'antica connotazione negativa, che ne fa un quasi-sinonimo di *balla*, di *smargiassata*, di azione non proprio eroica che viene millantata con puerile autoconvincimento.

guitto
guìt.to
S Attore di bassa levatura; in senso generico, chi vive in maniera misera.
E Dal catalano *guit* 'sfrenato', 'cattivo'. Forse associabile a *gretto.*

Modo ironico, ma talora anche dispregiativo, per chiamare un attore. La figura del guitto, inizialmente attore vagabondo dalla recitazione improvvisata e naïf, è stata riabilitata da un folto gruppo di attori del Novecento che ne hanno recuperato le sfumature più fertili. Fra questi, maestri come Ettore Petrolini, Totò, Peppino De Filippo, Alberto Sordi, Vittorio Gassman e Vittorio De Sica.

Ciò nonostante, la parola non è diventata un complimento: evoca una certa immagine di meschinità, ancora più evidente nel suo significato generico, cioè inteso col valore (piuttosto desueto) di persona che vive in maniera trascurata e misera. Questo però non implica che il guitto non sia un bravo attore, anzi. Possiamo immaginare che una vita di espedienti lo renda particolarmente scafato, e abile nel guadagnarsi i favori del pubblico. Così, figuratamente, il candidato conquista la platea elettorale con le sue doti di guitto, chi al mercato offre la stessa identica merce di tutti gli altri ma con modi da guitto riuscirà a vendere molto di più (e sarai contento di avergli dato i tuoi soldi), e l'imprenditore capace di fare il guitto coi finanziatori è già a metà firma. O forse no.

H

harakiri
ha.ra.kì.ri
S In Giappone, forma di suicidio rituale attuato squarciandosi il ventre.
E Voce giapponese, composta di *hara* (腹), che significa ‘pancia’, e *kiri* (切り), che vuol dire ‘tagliare’. In kanji si scrive 腹切り.

Lo harakiri nasce come tipo di suicidio rituale, soprattutto in uso tra i *samurai*. L’episodio più famoso è quello dei 47 *ronin*, i samurai rimasti senza padrone, che prima obbediscono al codice d’onore vendicando il loro signore contro l’alto funzionario imperiale che ne aveva causato la morte, e poi vi obbediscono di nuovo infliggendosi da soli la condanna che loro spetta per questa pur ineludibile azione. Bell’esempio di conflitto tragico tra due doveri incompatibili, e di sua soluzione mediante la morte. Non siamo lontani dalla struttura di una tragedia greca.

La procedura può essere molto semplice: ci si taglia la pancia con una lama; ma se si vuole eseguirlo bene bisogna tagliare prima da sinistra a destra e poi, facendo un angolo, verso l’alto. Questo richiede una cospicua aggiunta di forza d’animo.

I giapponesi rispetto a *harakiri* usano più spesso il termine equivalente *seppuku* (切腹), che inverte l’ordine dei caratteri e li pronuncia secondo la loro lettura cinese. Il senso di entrambe le parole è comunque ‘tagliare pancia’.

Per lungo tempo il seppuku/harakiri è servito in Giappone come mezzo istituzionalizzato di esecuzione capitale capace di preservare l'onore del condannato. Infatti il taglio del ventre era considerato una morte onorevole, mentre essere decapitato o messo in croce erano condanne disonorevoli.

A proposito, perché la pancia? Tagliarsi la pancia è un modo assurdo di uccidersi. Di solito la morte arriva lentamente, e si soffre moltissimo; però fu usato per quasi settecento anni, fosse per via di antiche credenze che collocavano la dimora dell'anima nel ventre. Squarciarsi il ventre era un modo per mostrare e liberare la propria anima.

Questa tradizione è probabilmente la ragione della generale accettazione della pena di morte da parte dell'opinione pubblica giapponese, dove comunque il concetto di espiazione onorevole di una colpa attraverso la morte ha un radicamento plurisecolare.

A oggi è una pratica abbandonata; in Giappone l'esecuzione capitale avviene per impiccagione. Invece, specie in ambienti legati alla criminalità organizzata, sopravvive lo *yubitsume* (指詰め), 'accorciamento di dito', sempre legato all'affermazione del proprio coraggio e del proprio onore, che consiste nell'amputazione di una falange di un dito della mano.

Di rado si incontrano concetti più lontani dalla nostra cultura dello harakiri – e infatti, essendo per noi un rito poco comprensibile, lo evochiamo per lo più con una vena ironica: il suo richiamo finisce per avere un che di comico, e se parlo di fare harakiri probabilmente sto scherzando su una situazione difficile.

Da noi esiste il suicidio per tristezza, disperazione, e anche nel caso in cui il suicidio coinvolga l'onore non è mai un modo per salvarlo e affermarlo, ma piuttosto per sfuggire all'ignominia. Certamente su questo

aspetto ha pesato l'impostazione cristiana, che condanna il suicidio in maniera assoluta; notiamo però che la concezione che ne avevano gli antichi Romani, in particolar modo nel periodo più alto della storia di Roma, non era così diversa da quella giapponese. Specie in contesti militari, era considerato una reazione nobile e onorevole alla sconfitta, un estremo atto di libertà; e l'onda lunga di questa suggestione giunge fino a Dante, che pone Catone, suicida, non all'Inferno ma alle porte del Purgatorio.

I

icastico
i.cà.sti.co
S Incisivo.
E Dal greco *eikastikós* 'rappresentativo', da *eikón* 'immagine'.

Parola di registro molto alto: col richiamo all'immagine, misura l'efficacia di un'espressione. Quanto più l'immagine evocata è essenziale, adatta, veritiera, tanto più sarà incisiva.

Si tratta di una qualità che è forse la cifra stessa della comunicazione d'alto profilo. Sarà icastico l'esempio portato dal relatore della conferenza per rispondere alla critica impertinente; icastico lo stile del giornalista capace che fa vedere le cose con evidenza; icastica la descrizione che il poeta fa – con pochi tratti – del borgo in cui è nato.

idiopatico
i.dio.pà.ti.co
S Primario, che non ha causa apparente, specie detto di malattia.
E Composto dal greco *ídios* 'proprio, di sé' e *páthos* 'sofferenza'.

Si tratta di una parola del linguaggio medico: una malattia idiopatica è una malattia che non ha delle cause note. È una parola che grazie al progresso scientifico vive una costante recessione, dato che di anno in anno siamo sempre più in grado di decifrare le eziolo-

gie delle diverse affezioni – ma il concetto che esprime è di grande portata, e si presta a un uso versatile anche in campi diversi da quello medico.

Può essere idiopatico un pregiudizio non solo privo di fondamento, ma la cui stessa origine è misteriosa; certe persone possono affrontare una discussione con dei paradigmi ideologici idiopatici, di cui non sono consapevoli e di cui non saprebbero dare spiegazione; e si può descrivere la pericolosa superficialità di un'antipatia «a pelle» come un'avversione idiopatica.

Il pregio di questa parola non è dappoco: indicare l'ignoto è il primo passo per intaccarlo.

idiosincrasia
i.dio.sin.cra.sì.a
S Incompatibilità, avversione, antipatia.
E Dal greco *idiosynkrasía*, composto da *ídios* 'di sé, proprio' e *sýnkrasis* 'mescolanza, costituzione, carattere'.

Il significato originario non ha in sé nessuna sfumatura di repulsione, di ostilità. Questa è soltanto una sfaccettatura che ha prevalso all'interno di un concetto più ampio: l'idiosincrasia è il proprio carattere, il proprio temperamento; se questo genera incompatibilità con altri non è che un effetto secondario – pur essendosi imposto, oggi, quale significato primario.

Nonostante il passaggio da una denotazione neutrale e a tutto tondo a una che considera solo l'aspetto conflittuale sia certo sgradevole, se ne possono trarre delle conclusioni apprezzabili. L'idiosincrasia, l'avversione, non è qualcosa di esterno al sé: nasce e finisce dentro di noi, dipende dalla nostra costituzione, dal nostro carattere molto più a monte e ancor prima che dai caratteri altrui. E il carattere non è un monolite adamantino, minerale, immutabile. È più simile a una pianta da coltivare per il verso migliore.

imbecille
im.be.cìl.le
S Stupido, sciocco.
E Dal latino *imbecillis*, composto da *in* 'senza' e *bàculum* 'bastone'.

Originariamente significava 'debole, fiacco, malfermo': chi è senza bastone (avendone invece bisogno) appare fragile, impotente, senza forze. Così è l'intelligenza, il buon senso o il giudizio dell'imbecille. Non sta sulle sue gambe, è impotente.

Quindi questa parola, seppur derogatoria, esprime un dispregio meno gratuito di quanto normalmente sembri quando la si grida clacsonando per una precedenza rubata. L'imbecille lo è per una sua ragione, e nei discorsi più raffinati (magari con persone aperte ai significati etimologici) si può provare a usare questa parola nel suo senso proprio – che è di debolezza – riuscendone a salvare la splendida immagine: così potrebbe essere imbecille un'opinione campata in aria, un'argomentazione illogica, un atteggiamento immotivato; ma anche un movimento che – pur animato da buona volontà – non ha nessuna speranza di successo.

impalmare
im.pal.mà.re (io impàlmo)
S Sposare qualcuno; fare una promessa solenne.
E Derivato di *palma*, nel senso di congiungere il palmo della propria mano a quello della mano di un'altra persona.

È una parola che viene usata di rado e con un significato decisamente ristretto: impalmare infatti, tradizionalmente, è il prendere una donna in moglie. Ma rispolverando la bellissima immagine originaria dei palmi delle mani di due persone che, congiunte, sanciscono una promessa, ci rendiamo conto di quale sia il suo

potenziale. In origine non è necessario che sia l'uomo a impalmare la donna: impalma chiunque prende la mano, chi esprime l'unione delle volontà.

Quella dell'impalmare è un'immagine di promessa straordinariamente forte – è una di quelle promesse che si rivolgono a qualcuno stringendone la mano e guardandolo negli occhi. Per cui i soci superstiti si impalmeranno, impegnandosi a tenere sempre a mente i valori del socio defunto, io ti impalmerò assicurandoti che avrò cura del tuo cane mentre tu sei via, e ci impalmeremo nel garantirci che un certo segreto non verrà rivelato.

inane

i.nà.ne

S Vano, inutile; vuoto; impotente.

E Dal latino *inanis*, formato da un *in* negativo e da un elemento sconosciuto.

Parola rara, dalla veste aggraziata. Non suona dura come *vuoto* o *inutile*: è più lieve, pur mantenendo tutto il loro significato. Anzi, nella sua posatezza delicata si nascondono forse una distanza e una tranquillità che la rendono ancora più inappellabile dei suoi sinonimi. Sono inani gli sforzi per sfuggire alla propria natura, alle proprie inclinazioni; inane il tentativo di rinvigorire e salvare tradizioni morenti ormai aliene al mondo; inani le prediche di chi non dà l'esempio. Ancor più raro ma ugualmente bello è l'uso di questa parola per indicare concretamente il vuoto: sotto il cielo notturno si è sopraffatti dalla vertigine dell'inane immenso abisso che ci separa da infiniti mondi infinitamente lontani.

incontinente

in.con.ti.nèn.te

S Incapace di contenersi, di frenarsi.

E Dal latino *incòntinens*, formato da *in* 'non' e *continère* 'contenere, trattenere'.

L'incontinenza, nella sua accezione più fertile, non ha a che vedere coi pannoloni; o meglio, l'immagine è la stessa, ma diverso è l'oggetto. Se negli usi più comuni l'incontinenza riguarda la capacità di trattenere propria degli sfinteri, il senso più ampio vuole abbracciare tutte le azioni che non si è capaci di trattenere: dettami di istinti, pulsioni, voglie. Si parla allora di incontinenza quando si tratta di avidità o di avarizia, di gola, magari di pulsioni amorose, di reazioni irose: giusto quelle che così classifica Dante nei primi gironi del suo Inferno.

Questa parola racconta bene la continua necessità di mediazione con le istanze dell'istinto, e segna la conseguenza di un loro abbandono sconsiderato: la rinuncia a esercitare il potere della mente, del giusto, dell'altruismo, il cedimento davanti alla semplice proposta della natura – che è certo da ascoltare, ma anche da dirigere.

indarno

in.dàr.no

S Invano; con valore aggettivale, inutile.

E Incerta.

L'etimologia di questa parola è straordinariamente discussa, e nessuno ne è ancora venuto a capo in maniera risolutiva. Secondo alcuni deve essere collegata a *inerte*, secondo altri a *invano*, altri ancora ne rinvengono l'origine nell'ipotetica parola germanica *darn* 'confuso', o nel gotico *darns* 'magico'. Ad ogni modo, questo avverbio di registro letterario ha come significato quello di 'inutilmente', o 'invano'. Quindi se mi sono perso una spiegazione studierò indarno tutta la notte, il giovane si lamenta indarno della fesseria com-

piuta, e indarno cerco di orientarmi senza chiedere indicazioni. Inoltre, la parola gode fama di poter funzionare come aggettivo; ma si può discutere se questo sia davvero il suo valore in passi petrarcheschi come «Italia mia, benché 'l parlar sia indarno» o ariosteschi come «Non pregar ch'io t'uccida, ch'i tuoi preghi sariano indarno». Se serve un'azione di cuore e di polso, il lungo ragionare è indarno; e aspergersi di un costoso profumo è indarno se manca la doccia. Siamo davanti a una di quelle parole serenamente avviate sul viale del tramonto: la parete liscia di un etimo tanto incerto da non dare appigli sicuri e il suo sapore desueto la rendono pressoché impossibile da usare senza affettazione. Ciononostante, resta una parola da conoscere per orientarsi nel nostro patrimonio letterario senza bisogno di parafrasi e traduzioni: poter leggere *La ginestra* di Giacomo Leopardi o il carme dei *Sepolcri* di Ugo Foscolo senza doversi appoggiare alle note di spiegazione è un piacere maggiore.

ineffabile
i.nef.fà.bi.le
S Che non si può esprimere con le parole. Indicibile.
E Dal latino *ineffabilis*, formato da *in* 'non' ed *effabilis* 'dicibile', a sua volta unione di *ex* 'fuori' e *fari* 'dire'.

Anche le parole hanno il loro limite: il simbolo non è l'oggetto. Per esprimere un tale handicap strutturale, la nostra lingua propone quest'aggraziata parola, che però non si limita a descrivere il limite: sorridendo si spinge a designare proprio tutto ciò che non può essere detto.

Notte, si cammina per strada soli e pensosi, e un ineffabile odore di fiori si diffonde nell'aria fresca: indescrivibile; ma non è già questa una cristallina de-

scrizione? Nel bosco, mentre piove, seduti a lato di un torrente si può provare un ineffabile senso di comunione con la terra che dà la vita: se lo provi, come si può esprimere completamente? Ma così si aprono le porte all'intuizione del non detto.

L'ineffabile è per sua natura amico della riflessione, del silenzio, della solitudine e della notte.

Un altro significato prende le mosse da un uso negativo che ne fu fatto in passato: ineffabile è ciò che non può essere nominato perché corrotto ed esecrabile. Oggi questo significato viene inteso perlopiù con un'inclinazione ironica, indicando qualcosa di inqualificabile, impareggiabile, impagabile – quindi sarà ineffabile l'amico che alla cena di gala si presenta in ritardo, vestito casual e che ordina una flûte di fernet; e lo saranno le continue zuffe tra polli da talk show che la televisione ci offre generosamente e che anche nella realtà hanno così tanti emulatori.

infinocchiare

in.fi.noc.chià.re (io infinòcchio)

S Ingannare, imbrogliare.

E Da *finocchio*.

Quando un oste voleva rifilare un vino non eccelso a dei clienti, prima gli portava del finocchio. E se le pietanze che aveva intenzione di servire non erano proprio freschissime (anzi un po' rancide), le ricuoceva condendole con abbondante finocchio. Così i sapori autentici venivano coperti dall'infida verdura: gli infinocchiati mangiavano, bevevano ed erano tutti contenti.

Questi esempi della tradizione da cui la parola – forse – nasce, possono essere presi a paradigma dell'infinocchiamento: una disonestà furbastra e ignobile per chi la trama; e certo non lusinghiera per il tonto che ci casca.

intemerato
in.te.me.rà.to
S Puro, onesto, incorrotto.
E Dal latino *intemeratus* 'inviolato', formato da *in* 'non' e dal participio passato di *temerare* 'profanare'.

È una parola rara, il cui uso tributa al concetto che denota – l'essere onesto, integro – un connotato aulico, di grazia profonda. L'intemerato si è conservato puro, non è stato toccato dalla corruzione o non le ha ceduto. Il nesso etimologico con la profanazione colora di sacro questa qualità, la eleva rispetto alla semplice onestà conferendole un'aura di perfezione.

Può essere intemerato l'eroe da romanzo, o il leggendario pioniere dei diritti civili, o il nonno preferito: casi-limite in odore di santità. È ovviamente salvo l'uso ironico che si può fare di questa parola: può essere di intemerata lealtà il braccio destro del politico corrotto, il libertino può vantare una lussuria intemerata, e il cittadino intemerato dà fuoco ai cassonetti.

intonso
in.tòn.so
S Non tagliato; nuovo, intatto.
E Formato dal latino *in* 'non' e *tòndere* 'tagliare, radere'.

Per creare il libro, su uno stesso grande foglio vengono stampate più pagine, che vengono poi ripiegate e tagliate poco all'interno delle pieghe, ottenendo il libro così come lo conosciamo oggi. Ma fino agli anni Quaranta una parte del taglio delle pagine era lasciata al lettore: armati di tagliacarte, si liberavano con pazienza via via che si procedeva con la lettura del libro. Alle volte capita ancora di trovarne, nelle bancarelle o nei negozi di libri usati.

Il libro intonso è il libro le cui pagine non sono state ancora tagliate, e quindi non sono state lette: praticamente non è stato toccato. E da qui la fascinosa estensione del significato, retaggio di un passato arcano della legatoria, per cui il libro non era un mattone di carta incollata da smerciare o accaparrarsi a sconto, ma l'oggetto per eccellenza con cui rapportarsi, da conoscere con il coraggioso e irrevocabile gesto del taglio delle pagine.

intortare

in.tor.tà.re (io intòrto)

S Raggirare; impantanare.

E Derivato di *intorto* cioè 'avvolto su sé stesso', dal latino *intòrquere* 'torcere su sé stesso'.

È una parola che sembra propria di un registro giovanile e popolare, ma questo è dovuto soprattutto all'errata convinzione che abbia qualcosa a che vedere con le torte da mangiare. Invece è un degnissimo derivato di *intorto*, parola non comune che è grossomodo un sinonimo di *contorto* – ed è da questa parola che prendono le mosse i suoi vari significati. Sintetizzandoli con un esempio, si può essere intortati da un venditore scaltro che ci convince a comprare con un giro di parole, oppure ci si può intortare durante l'esposizione di una tesi complessa: nel primo caso l'intortare è un raggirare e nel secondo caso (riflessivo) un impantanarsi da soli. Ma sempre si tratta di una contorsione maggiore dell'augurabile.

Oppure l'amico ci può intortare con strani discorsi per portarci a una festa orrenda a cui non vuole andare da solo, e le domande poco chiare di un professore intortano lo studente (che però magari non aveva studiato un gran che). Il nocciolo di significato resta lo stesso – il contorcersi fino a confondersi.

(Comunque alla fine se vogliamo possiamo far rientrare dalla finestra delle metafore l'immagine della torta: chi ti raggira ti «cucina», e chi ti confonde irrimediabilmente ti lascia impastato in un ineluttabile pantano di pasta frolla.)

intrigante
in.tri.gàn.te
S Che tesse intrighi; accattivante.
E Formato dal latino *in* e *tricae* 'raggiri, imbrogli'. Può essere connesso a *trica* 'capello', 'pelo', alludendo a un groviglio di nodi.

Come usare questa parola? Facendo i puristi e impiegandola solo nel senso di chi fa intrighi, raggiri? Oppure accettarla anche come un assai più gettonato sinonimo di *coinvolgente*? Questo secondo significato nasce come calco semantico, cioè ha preso un nuovo significato ricalcandolo su quello che era già del corrispondente vocabolo inglese. L'inglese *intriguing* valeva 'accattivante' ben prima che questo senso si diffondesse in Italia.

Quindi, pur se il gusto personale può dettare altrimenti, i diversi significati sono da accettare e mettere in conto, vista la vitalità inarginabile e osmotica delle lingue.

irenico
i.rè.ni.co
S Di pace, pacifico, ispiratore di pace.
E Dal greco *eirenikós*, derivato di *eiréne* 'pace'.

È una parola dal suono leggero ma carica di senso e di conseguenze. Un atteggiamento irenico, pacifico prima e pacificatore poi, assicura contro una vita strozzata dall'irritazione – ed è cifra di profonda saggezza.

Nella storia, l'irenismo è soprattutto un movimento cristiano che opera al fine di riunificare le Chiese.

K

kamikaze
ka.mi.kà.ze
S Pilota giapponese che durante la Seconda guerra mondiale effettuava missioni suicide; terrorista suicida; persona temeraria che si getta in un'impresa rischiosa.
E Voce giapponese che significa 'vento divino', composta da *kami* 'divinità' e *kaze* 'vento'. In kanji è scritta 神風.

Kamikaze è una delle parole giapponesi più famose nel mondo. Appare per la prima volta nella mitologia, ma diventa famosa nell'epoca Kamakura. Nel 1274 e nel 1281 il condottiero mongolo Kublai Khan inviò flotte cariche di armati per conquistare il Giappone, però entrambe le volte fallì perché grandi tifoni dispersero le navi mongole. I giapponesi chiamarono i due tifoni «Kamikaze» e cominciarono a credere che il Giappone fosse protetto da divinità. Adesso la parola è conosciuta in altro senso, perché fu usata per designare i piloti suicidi nella Seconda guerra mondiale, che morivano scagliandosi contro le navi americane. Erano azioni folli, anche se eroiche. Adesso la parola *kamikaze* in giapponese non viene più usata, è diventata tabù perché evoca vicende troppo tristi. Ma coloro che portarono questo nome sono ancora ricordati e rispettati.

In italiano questa parola viene usata principalmente nei media per indicare attacchi suicidi di stampo terroristico. Gli altri significati più strettamente legati alla

storia giapponese sono confinati, appunto, in ambito storico. È però da notare come l'immagine del «vento divino» sia originariamente un'immagine di difesa, divina o militare, rispetto a una guerra in corso o minacciata: immagine che ha poco a che vedere con gli attacchi terroristici nei confronti di civili inermi, di cui si ha tristemente spesso notizia.

Notiamo infine che qui in Italia è una parola che si presta a un uso figurato, e anche ironico: quando qualcuno si lancia in un'impresa audace con poche possibilità di riuscita o affronta un rischio con temerarietà, lo si chiamerà kamikaze.

L

labile

là.bi.le

S Debole, fugace.

E Dal latino *labilis* 'scivoloso', da *labi* 'cadere'.

Consultando i dizionari si trovano un sacco di significati di questa parola: ma a monte ce n'è uno, semplice, di cui gli altri non sembrano altro che usi particolari. Ciò che è labile è ciò che scivola, non è stabile. Una memoria non proprio di ferro che si muove con difficoltà, senza fare presa sul ricordo; un confine incerto come una cresta di pietra friabile che sdrucciola ora al di qua, ora al di là; il sapore di un vino di pregio che purtroppo svanisce in bocca.

La connotazione è normalmente negativa, data la fiducia che al contrario ci trasmette la costruzione salda sulla roccia; ma al di là di questo giudizio, il termine può lasciare spazio a connotazioni delicate: il labile sentimento – appena intuito – che sembra animare una poesia tradotta; il labile omaggio di un effimero mazzo di fiori; il labile senso che si ricerca nella propria vita.

lacerto

la.cèr.to

S Muscolo; brandello di carne; frammento.

E Dal latino *lacertus* 'braccio', 'muscolo'. E anche 'lucertola', e 'sgombro'.

Una striatura, un fascio muscolare anche piccolo: a questo potremmo ridurre l'immagine del lacerto. Il

nesso con animali scattanti quali la lucertola e il pesce, già proprio della parola *muscolo* (diminutivo del latino *mus* 'topo'), fa sì che il lacerto, parola di contenuto umile ma di profilo alto, racconti sia il braccio – per eccellenza parte muscolosa del corpo umano –, sia le parti di muscolo che lo compongono; per estensione è passato a indicare genericamente un brandello di carne, e in maggiore astrazione un qualunque frammento. Si possono citare dei lacerti di un autore antico, ma anche staccare un lacerto da un vecchio lenzuolo per farsi una benda.

laconico
la.cò.ni.co
S Conciso, essenziale.
E Da *Laconia*, regione del Peloponneso in cui sorgeva Sparta.

Capita non di rado di chiamare *spartano* un ambiente austero, sobrio, essenziale. Riferito al modo di parlare o di scrivere, *laconico* ha il medesimo significato: traendo la propria connotazione da un popolo celebre per la sua frugalità severa, indica un comunicare incisivo e sintentico, essenziale, pulito da ogni fronzolo e perciò duro ma elegante. Acquisisce una connotazione spiccatamente positiva quando associato a commenti e risposte di particolare acume, stringatezza ed efficacia. Altrimenti mantiene un tenore di fondo gelido, piuttosto negativo.

lapalissiano
la.pa.lis.sià.no
S Evidente, ovvio, scontato, palese.
E Deriva dal nome di *Jacques de La Palice*, che fu Maresciallo di Francia dal 1515 fino alla sua morte nel 1525.

Una volta morto, i suoi soldati composero per lui un canto celebrativo dal tono scherzoso, che conteneva queste parole: *Un quart d'heure avant sa mort il était encore en vie*, «Un quarto d'ora prima di morire era ancora in vita». Da lì un'affermazione lapalissiana è diventata un'affermazione completamente ovvia.

Una parola da usare spesso e molto, perché le occasioni per farlo non mancano.

lenone

le.nó.ne

S Protettore, chi favorisce o sfrutta la prostituzione.

E Probabilmente, dal latino *lenire* 'render dolce', 'mitigare', e figurativamente 'fare arrendere (le protette, inducendole alla prostituzione)'.

È comune sentir discutere di puttanieri, papponi e magnaccia nei contesti più disparati, specie in quelli in cui simili parole (splendide in altre occasioni) non sarebbero appropriate. Le alternative meno volgari eppure ugualmente puntuali e precise esistono. Ad esempio proprio *lenone*, parola di gusto latino che è facile trovare in letteratura fin da Plauto.

Le alternative esistono e quindi vanno usate: non è volgare parlare di bassezze; lo è parlarne in maniera volgare, ossia, senza pensiero dietro.

lepido

lè.pi.do

S Spiritoso, acuto.

E Dal latino *lepidus*, da *lepos* 'grazia'. L'etimo ulteriore resta oscuro: la parola scomparve presto nella latinità, per riapparire in italiano solo nel Quattrocento.

Una facezia, uno scherzo arguto, sono lepidi quando non siano rancidi di volgarità: è il buffo aggraziato, brillante, il personaggio ameno e spassoso. È vero che

purtroppo la comicità mainstream fa di tutto per allontanarsi dal lepido e abbracciare il laido – ma perciò, a maggior ragione, le occasioni per usare questo luminoso aggettivo non devono andare sprecate.

Durante una discussione stridente, un lepido signore di mezz'età, curato e ben vestito, allenta la tensione con delle osservazioni spiritose e piacevoli; si può ridere di gusto alla battuta di una vignetta lepida; il giornalista saggio e lepido racconta una favola divertente come allegoria di una turbolenta situazione politica.

levantino

le.van.tì.no

S Del Levante; scaltro, furbo, truffaldino.

E Da *Levante* ossia oriente, derivato dal latino *levare* 'alzare', da *levis* 'leggero'.

Il bacino mediterraneo è stato per lungo tempo solcato da mercanti astuti e spregiudicati, sempre pronti a spingersi oltre ogni limite geografico e culturale – in particolare, mercanti dell'est, fenici prima e mori poi. Ma questa parola non connota in maniera sterile il solo commerciante imbroglione: quella di levantino è una connotazione culturale ampia e sfaccettata. Il levantino è istrionico, di modi espansivi, caldi e accomodanti, simpatico e fascinoso, affarista esperto, serpentino e scaltro, di morale leggera, fortemente interessato ma mai spietato.

libertino

li.ber.tì.no

S Dissoluto; fautore della libertà; aderente al movimento del libertinismo.

E Dal latino *libertinus*, derivato di *libèrtus* 'liberto', ossia schiavo affrancato. Passato attraverso il francese *libertin* per i significati più moderni.

Certo, storicamente è una parola che è stata molto ricca di significati, anche articolati e profondi: oggi è però decisamente a senso unico. Infatti ha indicato la condizione del liberto nell'antica Roma, ha indicato i primi fautori della libertà democratica agli albori dello Stato moderno, ha indicato chi ha aderito alla polemica intellettuale libertinista del Settecento contro gli istituti morali e i valori precostituiti, in generale ha indicato chi si è eretto contro l'ortodossia e la tradizione per rivendicare la propria autonomia di pensiero; ma oggi il libertino non è che il licenzioso – da pronunciare facendo l'occhiolino. Il connotato è strettamente sessuale, e usare questa parola altrimenti espone ad ambiguità comiche: libertino è solo chi conduce una vita sessuale aperta, smaliziata e caotica, sempre in cerca di incontri e... conoscenze. Dire che un genitore è un libertino non ci fa intendere che educa il proprio figlio alla libertà, o con indulgenza. Ci fa intendere che flirta spesso – e con successo!

liliale
li.lià.le
S Puro e candido come un giglio.
E Dal latino *lilium* 'giglio'.

I caratteri dei fiori sono suggestivi: incidono profondamente sull'immaginario collettivo, e sulla lingua. Così il loro nome può diventare veicolo di significati figurati eloquenti. Il giglio bianco è associato alla purezza: allora l'aggettivo *liliale*, che significa ciò che è proprio del giglio, prende il significato di candido, puro, delicato, e anche ingenuo, e casto. Si può parlare della giovane liliale, lontana da ogni malizia; può essere liliale lo studente al suo primo approccio a una disciplina, e liliali le sue domande al professore; può dirsi liliale un bacio tenero di puro affetto. A dispetto

della delicatezza dei fiori, le parole fondate su queste associazioni floreali sono parole forti: esprimono i loro sensi in maniera concreta, tangibile. E perciò sono doppiamente preziose.

linciare

lin.cià.re (io lìncio)

S Giustiziare sommariamente a furor di popolo.

E Dall'inglese *to lynch* 'usare la legge di Lynch'. Forse dal nome di un giudice della Virginia, *Charles Lynch*, che durante la rivoluzione americana amministrò duramente una giustizia arbitraria e piegata a fini politici; o forse dal nome di un comandante militare, *William Lynch*, che contestualmente represse i disordini con metodi extralegali.

È strano come il nome di certi loschi figuri attraversi gli oceani e i secoli rimpiattandosi in antonomasie insospettabili: così il linciaggio, amena usanza ormai repressa nelle nostre contrade, deve il suo nome a trucidi autarchi della Virginia del XVIII secolo – e dall'applicare la legge di Lynch (che tono piratesco!) è passato a indicare l'impiccagione sommaria, e la giustizia fatta dal popolo furente, che sbrana il malfattore. L'uso di questa parola, comunque, si estende anche allo scherzo iperbolico («Ho fatto una critica e mi hanno linciato»).

lisergico

li.sèr.gi.co

S Acido organico derivato dalla segale cornuta, da cui si sintetizza l'LSD; per estensione allucinogeno, che ha effetti simili all'assunzione di stupefacenti.

E Dal greco *lýsis* 'scioglimento' ed *érgon* 'azione'.

Potente come aggettivo, nelle sue applicazioni metaforiche al di là dell'uso tecnico: una musica lisergica che droga di sogno, un bacio lisergico che assopisce e

annebbia il conflitto, un sentimento lisergico che permette di vivere la vita con un'eccitazione trainante, chiamano in causa un lucido discernimento che si intreccia con l'effetto stupefacente.

Lo stato lisergico evoca una sfumatura decadente che è propria di ogni deliberata, scientifica alterazione dello stato di coscienza. Ancor più potente è quando viene sostantivato: nelle notti magiche d'estate si sorseggia con piacere del fresco lisergico d'uva.

litote
li.tò.te
S Figura retorica che consiste nell'affermare qualcosa negando il suo contrario.
E Dal greco *litótes* 'semplicità', 'attenuazione', da *litós* 'semplice'.

È una figura retorica comunissima, che tutti usano nello scritto e nel parlato anche se non sempre consapevolmente, e quasi mai intendendo di usare nientemeno che una litote. Se dico che Tizio non è uno stupido, ho espresso con una litote che Tizio è intelligente. Tipicamente, il giudizio veicolato dalla litote è garbato: l'affermazione, limitandosi a negare il suo contrario, risulta attenuata. Il risultato è una posizione equilibrata, che non si sbilancia esplicitamente.

Ma è anche un espediente ironico per vocazione: se dico che Caio non è altissimo, ho usato una litote per dire, in tono di dileggio, che è... molto basso.

Va notato che la negazione, nella comprensione di un enunciato, viene elaborata dopo il concetto che nega. Per intendersi, se invito a non pensare a un elefante rosa, eccolo che appare. La litote permette di giocare su questo fenomeno, introducendo un concetto anche se quel che si finirà per dire è addirittura il suo contrario. Se dico che Tizio non è uno stupido posso

aver inteso il contrario, ma ho comunque incluso nel discorso il concetto di stupidità. Questo può servire.

locupletare
lo.cu.ple.tà.re (io locuplèto)
S Arricchire.
E Dal latino *locupletare*, derivato di *locuples* 'ricco', composto di *locus* 'terra' e *ples* 'pieno'. Pieno di terre.

Una parola bella e rara, che sono in pochi a conoscere e in ancor meno a usare. Locupletare significa arricchire, e caratterizza questo significato a partire dall'immagine più atavica della ricchezza, cioè la terra; locupleto è chi dispone di averi ingenti, prima di tutto legati alle proprietà fondiarie. Il rampollo della casata si ritrova locupletato senza aver mosso un dito; ma forzando un po' il termine in senso figurato, lo scrittore potrà decidere di locupletare un certo ramo narrativo con un'opera appositamente composta; della frutta fresca e buona locupleterà le forze dei lavoranti; e i bagordi golosi, inevitabilmente, locupletano la pancia. La ricercatezza corposa di questa parola le impone l'alternativa di un destino aulico e di un destino ironico, ed essa può stare in un bel discorso come il marchio sull'argento. «Sì, ma con chi la uso?», si chiederanno i più pragmatici. Il problema è che la desuetudine di una parola è un circolo vizioso: per il fatto che pochi la conoscono, anche chi la conosce non la userà, abbandonandola a fossilizzarsi negli scritti di autori morti. Belli come Gadda, ma morti. Si può tentare di spezzare il circolo, oppure osservare serenamente, come parte dell'universale wabisabi, il venir meno di una parola moritura.

longanime
lon.gà.ni.me
S Paziente, indulgente.

E Dal latino *longanimis*, composto da *longus* 'lungo' e *animus* 'animo'.

Il longanime non sfoggia l'opulenza morale del magnanimo: la grandezza di spirito del longanime viene più compostamente misurata in lunghezza, specie temporale. Perciò longanime diventa sinonimo di paziente, di indulgente, dello sguardo pacato e saggio di chi accolga i fatti della vita con serena sopportazione, con pazienza comprensiva. Il longanime è facile al perdono, intimamente tollerante, conosce bene il nesso tra indulgenza e fiducia, e l'avvicendarsi delle stagioni in cui situazioni e persone maturano e cambiano. Il longanime può essere scambiato per poco furbo; ma la sua mansuetudine è intelligenza, e scaturisce proprio da quel dominio di sé che è carattere del saggio. Può essere longanime il giudice che applica la pena minima tutte le volte che può, il nonno che prevede come crescerà vispo il nipote provvisoriamente discolo; longanime il critico letterario che intuisce i fronti di evoluzione del giovane scrittore. Una parola, una cosa bellissima.

lubrico

lù.bri.co o lu.brì.co

S Scivoloso, sdrucciolevole, viscido; figuratamente, che offende il senso comune del pudore, oppure molto lascivo.

E Dal latino *lùbricus*.

È una parola spettacolare, mal conosciuta e con un potenziale stupendo. Rappresenta ciò che è viscido e malfido, su cui si può scivolare. Come sassi coperti di muschio. «Un sentiero lubrico». Però ha un respiro immenso soprattutto nel figurato. È il viscidume dell'eccesso, dell'indecente, ridicolo e un po' grottesco, che intrinsecamente cade sotto la condanna della morale condivisa. «Discorsi lubrichi da bettola». È la

lascivia estrema. «Un vecchio lubrico». E in dizionari più antichi, è anche una connotazione adatta a moti intestinali non stitici. «Pardon, ho il ventre lubrico».

Uno spasso.

luculliano

lu.cul.lià.no

S Abbondante, raffinato, succulento.

E Dal nome del generale romano *Lucio Licinio Lucullo*, vissuto fra il 117 e il 56 a.C.

Pur essendo lui un capace generale, non sono state le glorie militari a consacrare il nome di Lucullo alla storia: lo furono invece i suoi banchetti. Era persona attentissima all'ospitalità, oltre che ai riti del convivio, di cultura vasta e di raffinatezza squisita. Si dice che a lui si debba l'introduzione del ciliegio nelle nostre terre, e delle albicocche, dall'Oriente. Il suo desco imbandito divenne un simbolo di cura e di eleganza ancor prima che di sfarzo e di opulenza. Ciò che è *luculliano*, quindi, – un pranzo, un simposio, un buffet – oggi rimane cifra di una larghezza soprattutto raffinata.

lutulento

lu.tu.lèn.to

S Fangoso; impuro.

E Dal latino *lutum* 'fango'.

Il fango è una presenza di cui, vivendo in città, non si ha bene la percezione: quando piove, al massimo ci si bagna con le gocce che abbattono a terra polveri mortifere, o ci si sporca con lo schiumare immondo e oleoso degli idrocarburi che sulla strada si mischiano all'acqua nera di pneumatico – e anche il fango del fiume è presenza lontana e insolita: più comune quella dei liquami velenosi. Anzi, in questo panorama l'idea di sporcarsi col fango durante un acquazzone o affon-

dando il piede nella cuora di un lago acquista un che di sano, di paradossalmente pulito. Nel lungo svolgersi soprattutto rurale della storia, il lutulento era invece l'eminentemente sozzo. Quindi sporco fisicamente, ma anche moralmente. Allora può essere lutulento un appetito lubrico, o l'agire di un amministratore corrotto, ma certo anche il mountain biker senza parafanghi.

Però, proprio per questa trasformazione dell'idea del fango da sporco per eccellenza a prezioso segno che la natura esiste ancora, sarebbe bello che il lutulento diventasse lo sporco entusiasta e sano, come è l'elefante che si infanga; uno sporco vitale come il grasso della terra bagnata, maturo come la vita che accetta di sporcarsi le mani – come il fior di loto (da *lutum*!), che nasce nel fango e dal fango estroflette la propria corona. Potrà così essere lutulento il volontario che accorra dopo una calamità naturale, intento a spalare macerie e adamantino nello spirito, il giornalista che a proprio rischio si sia immerso nella mafia fino al collo per poterla raccontare in ogni sua lordura, il ragazzo che d'estate non si cura della pioggia e resta disteso sul prato, rialzandosi sorridente e inzaccherato come è chi è stato con la terra. Dopotutto oggi sappiamo meglio la differenza fra la sporcizia che ti imbratta e quella che ti uccide, fra l'attacco al vezzo e l'attacco al valore.

M

manicheo
ma.ni.chè.o
S Attinente al Manicheismo; di un'ideologia che separi nettamente bene e male.
E Dal nome di *Mani*, profeta iranico del II secolo dopo Cristo, fondatore del Manicheismo.

Per il manicheismo, religione sorta in seno all'impero sasanide – ultimo impero persiano prima della conquista islamica –, si potevano distinguere due principi fondamentali: il Bene e il Male. Questi non si mescolavano in alcun modo, e le loro influenze erano nettamente divise: con un'immagine, potremmo dire che per i manichei il bianco e il nero non si potevano fondere, che il grigio era solo un'illusione prodotta dal loro stretto accostamento. È proprio quest'idea che caratterizzerà per sempre ai nostri occhi il manicheo – ed è un peccato che le altre idee (di pace e di contemplazione) coltivate da quei monaci mendicanti non abbiano attecchito altrettanto nell'immaginario storico.

Oggi si parla dunque di un piglio manicheo quando qualcuno taglia una certa questione con l'accetta facendone una dicotomia; è manicheo un giudizio nettissimo, sicuro, ma che tralascia una serie di fattori; sarà manicheo chi vorrà tracciare un confine netto fra un «noi» e un «loro», buoni e cattivi; chi consideri inconciliabili le differenze che possono esistere fra le persone.

mannaro
man.nà.ro
S Aggettivo usato quasi esclusivamente come attributo del lupo, per indicare un licantropo.
E Dal latino *(lupus) humanarius* '(lupo) umano', parallelo al greco *lýkos ánthropos* – da cui viene *licantropo.*

L'attributo di umanità a qualcosa che umano intrinsecamente non è, creando il mostro, si rivela capace di stimolare la fantasia. E così da 'umano' il termine passa a indicare l'altra caratteristica del licantropo, cioè la ferocia. E accanto al lupo, può popolare le nostre paure perfino il coniglio mannaro.

Che dire poi del giornalista mannaro che va a intervistare la madre del bimbo ucciso? O dell'infelice mannaro che a forza di non vedere altro che il proprio dolore finisce per danneggiare sé stesso e tutti quelli che ha intorno? O dell'imprenditore mannaro che trascura ogni altra considerazione per acquisire il mercato, il potere e il denaro?

manutengolo
ma.nu.tèn.go.lo
S Chi protegge o aiuta attività illecite.
E Dal latino *manutenère* 'condurre tenendo per mano'.

È una parola dall'origine ingegnosa, a cui purtroppo non mancherebbero occasioni di essere usata. Può essere uno splendido sinonimo di parole inflazionate come *complice*, e in più ha anche una sottile vena ironica. Potrebbe anche dare l'impressione di un delinquente d'altri tempi...

maramaldo
ma.ra.màl.do
S Che infierisce sui vinti e gli inermi; vile, prepotente.
E Dal nome di *Fabrizio Maramaldo.*

Anno Domini 1530, da quasi nove mesi la Repubblica Fiorentina è assediata dall'imperatore spagnolo Carlo V. A guidare l'indomita resistenza dentro le mura, il condottiero Francesco Ferrucci. È agosto quando decide un'estrema sortita per tentare di scardinare l'assedio. Ma le forze imperiali sono troppo superiori. Nella battaglia, che annovera fra i caduti il generale nemico, il principe d'Orange, Francesco Ferrucci viene ferito e catturato. È condotto disarmato dinanzi a uno dei comandanti imperiali, il soldato di ventura Fabrizio Maramaldo, cui il Ferrucci in passato aveva inflitto cocenti sconfitte militari, e che ha intenzione di fargli pagare le onte subite; mentre Maramaldo lo trafigge, vendicandosi miserabilmente, il Ferrucci gli grida: «Vile! Tu uccidi un uomo morto!». L'episodio ricorda l'asino vigliacco della favola di Fedro, che calcia il muso del leone morente, il quale pure gli dice: «Così subisco due volte la morte!».

Da questa figura storica si astrae il prototipo del prepotente spregevole che si atteggia a forte coi deboli, che vessa gli inermi, che si appaga di rivalse senza onore. Da notare anche l'aggettivo *maramaldesco*, e l'azione del *maramaldeggiare*.

marasma

ma.rà.sma

S Stato di deperimento provocato da malattie, vecchiaia o denutrizione; degenerazione dell'organismo; sfacelo; caos.

E Dal greco *marasmós* 'disseccamento, consunzione'.

Il vecchio significato scientifico e quello nuovo comune di questa parola hanno finito per divergere nettamente: il nesso che collega un decadimento fisico a una baraonda appare alquanto debole. Dall'estrema debilitazione dell'organismo il significato si è esteso

alla degenerazione e allo sfacelo di intere situazioni; di qui l'idea di caos, confusione, baraonda.

Quindi non stupiamoci se sentiamo parlare di marasma senile o infantile, o causato da una qualche malattia: pur se desueto, si tratta di un significato specifico, e ha poco a che vedere con il disordine che siamo abituati a collegare a questa parola. Infatti più comunemente si dirà che al concerto c'era un marasma inverosimile, si dirà di volersi allontanare dal marasma della spiaggia verso lidi meno frequentati, e il giorno prima dell'esame, classicamente, si sentirà d'avere in testa un gran marasma.

menefreghismo

me.ne.fre.ghì.smo

S Disinteresse egoista.

E Dal motto dannunziano «Me ne frego».

Il menefreghista è colui che non si cura di niente e di nessuno, disinteressandosi ostentatamente di ciò che sarebbe bene facesse o considerasse. È un tipo di egoista, ma l'accento è posto sulla sua noncuranza verso quello che generalmente è ritenuto importante.

È curioso come il motto dannunziano, fagocitato dalla retorica fascista, si riferisse esattamente al contrario: il menefreghista originario, infatti, se ne fregava del pericolo, perfino della morte, per amore della patria e del re (e ovviamente del duce). Era un menefreghismo marziale, nazionalista, il disinteresse di sé del buon soldato e di chi metteva al primo posto ciò che, al tempo, veniva considerato un valore. Venuta meno la figura dell'eroe di guerra, questa parola si è riadattata per significare lo sprezzo di ciò che, in un mondo cambiato, era il nuovo onore, il nuovo pregio: dalla famiglia all'amicizia, dallo studio all'impegno sociale.

mesmerizzare

me.sme.riz.zà.re (io mesmerìzzo)

S Ipnotizzare, suggestionare, acquisire controllo sulla mente di qualcuno.

E Dal nome del medico tedesco *Franz Anton Mesmer*, nato nel 1734 e morto nel 1815.

Mesmer fu un medico eccentrico: era convinto che le malattie fossero causate da disordini elettromagnetici. Con le sue terapie, le prime mesmerizzazioni, tentava di curare tramite delle calamite – con un successo sorprendente, vista la totale incosistenza della cura: col passare degli anni non poté non rendersi conto che non erano le calamite a curare le persone, ma la suggestione che lui generava in loro: da qui il significato attuale del mesmerizzare, ossia il controllare quasi ipnoticamente qualcuno.

Il politico corrotto ma carismatico potrà veder sconfessati i suoi mesmerismi; i genitori potranno mesmerizzare un figlio inculcandogli bisogni e desideri non suoi; il musicista, al termine di un'esecuzione psicagogica, potrà trasmettere un messaggio importante al pubblico mesmerizzato.

È una parola neutra, scevra da giudizi di valore. Una parola onesta. E racconta la storia di come, sbagliandosi e riconoscendolo con onestà, Mesmer che cercava una medicina alternativa ha invece dischiuso le porte per l'uso benefico di fenomeni come il suggestionamento psicologico e l'ipnosi.

misoneista

mi.so.ne.ì.sta

S Che detesta la novità e il cambiamento.

E Composto dagli elementi di origine greca *mísos* 'odio' e *néos* 'nuovo'.

Questa parola, rispetto ad altri sinonimi approssimativi quali *conservatore*, *tradizionalista* o *retrivo*, si distingue per appuntare l'attenzione non sulla tendenza positiva ad affermare le radici, ma su quella negativa a odiare l'innovazione.

Il *misoneismo* risulta quindi essere una specie di vicolo cieco dell'evoluzione, sintomo di una miope ma assertiva convergenza su sé stessi e sul passato. In molti campi è una vera piaga. Ad esempio, nei dibattiti sulla lingua: se da un lato è giusto difendere e approfondire il buon parlare, il buono scrivere e quindi il buon pensare, questo non coincide con i rigurgiti tradizionalisti che portano a censurare ogni osmosi con le lingue straniere e ogni trasformazione spontanea che avviene nell'uso della lingua viva; ma è facile individuare atteggiamenti misoneistici in tanti altri campi. E saperli definire con una parola elegante e affilata è pur sempre un vantaggio.

moloch
mò.loch
S Antica divinità mediorientale; entità che ha il potere di esigere un pesante sacrificio.
E Dall'ebraico *Mōlek*, la cui radice semitica significa 're'.

Moloch è una figura presente nella maggior parte delle antiche religioni mediorientali. Si trattava di una divinità potente, di quelle titaniche e con corna taurine, a cui venivano tributati sacrifici umani – in particolare si dice gli venissero sacrificati bambini, arsi nel fuoco sacro dell'olocausto. Nell'Antico Testamento è più volte nominato, fra le presenze soprannaturali con cui si trovò in competizione per la supremazia il dio ebraico YHWH.

L'immagine è ovviamente molto suggestiva: la grande entità che esige grandi sacrifici. Così in usi

figurati si potrà impiegare largamente: davanti alla nuova esosa imposta ci si lamenterà del Moloch dello Stato; ci si potrà battere per il ritiro dal Moloch di una costosa missione di pace; nel mezzo della notte ci si dovrà alzare per placare il neonato piangente, ovvero, il Moloch. È uno dei soprannomi attribuiti a Giulio Andreotti, forse per la sua lunga presenza ai vertici della politica italiana, che imponeva ai singoli e alle istituzioni di fare sempre i conti con la sua volontà.

moneta

mo.né.ta

S Dischetto metallico usato come mezzo di scambio per beni e servizi; valuta di uno Stato.

E Dal latino *moneta*, attributo della dea Giunone, che significa 'colei che avverte'.

La storia di questa parola è stupefacente. L'epiteto di Giunone è legato a un episodio storico molto particolare, che ci giunge un po' romanzato. Correva l'anno 390 a.C., e i Galli Senoni, guidati da Brenno, stavano assediando il Campidoglio. Ma come ci erano arrivati? Poco tempo prima l'espansione dei Galli era giunta a bussare alla porte di Chiusi, la qual città aveva chiesto aiuto a Roma. Roma mandò tre diplomatici per cercare di trattare coi Galli, ma invano. Cioè, uno dei diplomatici, tratto fuori il pugnale, aveva ucciso uno dei capi dei Galli. Che come mossa diplomatica fa un po' acqua. I tre riuscirono a tornare a Roma: Brenno, eccependo una certa qual violazione del costume circa le ambascerie (che tendenzialmente non dovrebbero causare morti), richiese a gran voce la testa dei tre. I quali però non solo non vennero consegnati, ma furono insigniti di importanti cariche pubbliche. Calcato in capo l'elmo con le ali (uguale a quello di Asterìx), Brenno radunò i suoi uomini, lasciò Chiusi libera e

marciò invece su Roma a spada sguainata. Roma si trovava quindi nella situazione di chi si vede caricato da un rinoceronte – e davanti all'imminente attacco la gente iniziò a fuggire. Il Senato tentò una leva generale, e preparò le difese. Purtroppo il supereroe di Roma, Furio Camillo, era in esilio per certe sue posizioni circa la plebe. Diciamo che non era un Mandela. Ovviamente fu subito richiamato, ma dannazione, ci avrebbe messo un po' per mettere insieme un esercito e arrivare.

Le prime forze schierate per fronteggiare i Galli furono spazzate via, così Brenno e i suoi irruppero nella città e la saccheggiarono, facendo fuori tutti i vecchi senatori che, soli, attendevano nella Curia: ma resisteva ancora il Campidoglio, rocca in cui i Romani proteggevano i loro templi – e il loro oro. Non era facile penetrare il Campidoglio: la leggenda vuole che i Galli avessero però trovato o scavato un passaggio segreto attraverso cui far breccia nelle ultime difese romane. E qui entra in gioco Giunone. Animali sacri alla dea, che vivevano nel suo tempio, erano le oche: poiché sacre, erano praticamente gli unici animali che ancora non fossero caduti sotto la fame degli assediati. Quando i Galli, nottetempo, tentarono l'irruzione, le oche si misero a starnazzare, a urlare, a berciare tanto che tutti i Romani si svegliarono – e prese le armi ricacciarono l'invasore.

Ma sarebbe stata solo questione di tempo, gli assedianti avrebbero vinto. Quando Brenno propose un prezzo per levare l'assedio e concludere la guerra, i Romani accettarono. Anche se pagare mille libbre d'oro scoccia. Ma al momento di pagare i Romani si resero conto che la bilancia dei Galli era truccata! Alle lamentele dei Romani Brenno rispose «Vae victis!» («Guai ai vinti!»), e gettò sui pesi della bilancia an-

che la propria spada, aumentando il prezzo da pagare. Come a dire: avete perso, e ciò che è giusto lo decido io. Secondo il racconto di Livio, ancora il riscatto non era stato pagato che finalmente Furio Camillo arrivò. E arrivando al Campidoglio sguainò la pesante spada sotto il naso di Brenno, dicendo «Non auro, sed ferro, recuperanda est patria» («Non è con l'oro, ma col ferro che si riscatta la patria»). Ci fu una gran battaglia e i Galli furono ricacciati a nord. Secondo altri Furio Camillo arrivò più tardi, e riuscì soltanto a recuperare il bottino di guerra; secondo altri ancora Brenno riuscì a portarsi via tutto. Ma comunque Giunone si era ben guadagnata il suo appellativo, visto che era grazie all'avvertimento delle sue oche se Roma non era caduta – e quando sul Campidoglio fu aperta la zecca, proprio a due passi dal tempio di Giunone Moneta, ci volle poco perché si iniziasse a chiamare moneta il denaro che lì veniva coniato.

E sì, quando davanti alla macchinetta automatica del caffè ti domandi se hai in tasca qualche moneta, usi quella parola perché duemilaquattrocento anni fa delle maledette oche hanno fatto casino la notte giusta.

mutande

mu.tàn.de

S Capo di biancheria intima che copre la zona inguinale.

E Dal latino *mutandae* 'da cambiare', gerundivo di *mutare* 'cambiare'.

Nelle altre lingue europee ci si concentra su questo indumento come tipo di calzone (dal *braga* spagnolo, al *caleçon* francese), o sul fatto che venga portato sotto gli altri vestiti (dall'*underwear* inglese all'*Unterhose* tedesco): ma qui il connotato è così igienicamente allegro da dargli una personalità unica. Le mutande sono

l'indumento che ci si deve cambiare spesso, e in questo la nostra lingua vede il discrimine rispetto agli altri capi, elevandole a principe della biancheria intima. E candidandoci a popolo più pulito.

Una volta la nonna di uno degli autori assistette alla seguente scenetta: su un autobus romano salì un giovane seminarista di qualche istituto religioso. Era l'epoca in cui vicino all'entrata sedeva il bigliettaio, dal quale si comprava il biglietto. Il seminarista infilò una mano nelle pieghe della tonaca, frugò per un po', e poi disse, con accento tedesco: «Io non afere mutande!». Evidentemente conosceva l'italiano soprattutto attraverso il latino dei suoi studi ecclesiastici, e voleva dire che non aveva con sé gli spiccioli (il cambio!) per comprare il biglietto.

N

nequizia

ne.quì.zia

S Malvagità; azione malvagia.

E Dal latino *nequam* 'che non vale nulla', 'di cattiva qualità' – aggettivo indeclinabile.

Il suo suono stretto e aspro, insieme all'etimo che ne rivela il fondamento in un giudizio di valore, rende questa parola – fra le tante che stanno a definire la malvagità, la crudeltà, la corruzione – quella che la connota con più disprezzo. Non c'è fascino, nella nequizia, non c'è orgoglio né nobiltà: la malvagità non resta che una sedia con una gamba più corta, un quadro palesemente falso, un muro di sabbia – cattivi lavori d'artigianato, cattive azioni, cattive vite. Potremo quindi parlare della nequizia dello spacciatore che volge in spazzatura l'esistenza altrui e propria – scelta stupida e spregevole per fare soldi –, o potremo trovare il nequitoso che cerca l'autorizzazione all'esercizio fisico del potere arruolandosi nelle file delle forze di polizia – sordida e deforme caricatura di un nobile istituto.

Puntare la nequizia e chiamarla così la spoglia di ogni illusione di potere e di onore. Mostra che il male può essere frutto di pochezza.

novero

nò.ve.ro

S Gruppo, categoria, classe, numero.

E Dal latino *numerus* 'numero'.

Parola aggraziata – che se usata nobilita subito il discorso – portatrice di un significato derivato da quello di ‘numero’. Il novero è il gruppo, la classe, e la sua connotazione è elitaria, altera, elegante: il novero dei premi Nobel, il novero dei classici, il novero dei miti del tennis.

Il noverare (o annoverare) è quindi un’enumerazione, una catalogazione, – un ricordare, un contare eletto, da cui poi il novero degli anni, delle stagioni, il novero delle stelle. Può essere sostituito dal semplice *numero*: far parte del (ristretto) numero/novero dei premi Nobel, dei miti del tennis, dei possessori di un Vermeer o di una Bugatti; ma la sua connotazione è più solenne, e a questo, come utenti della lingua, non saremo mai insensibili.

O

obbiettivo

ob.biet.tì.vo

S Che riguarda l'oggetto; imparziale; sistema ottico di lenti; scopo; bersaglio militare.

E Dal latino *obiectus*, participio passato di *obìcere* 'porre davanti'. Da cui anche 'oggetto'.

Più spesso scritto con una sola *b*: *obiettivo*.

I significati sono molti, vediamo di trovare il bandolo della matassa. Si tratta di una variante di *oggettivo*. È cioè parola più dotta (vedi sotto), che se ne distingue per alcuni significati peculiari che ha assunto. Infatti, finché si vuole usare *obbiettivo* in senso di 'imparziale, spassionato, scientifico', si potrebbe anche usare *oggettivo*: esami obbiettivi, giudizi obbiettivi, cioè in cui non c'è contaminazione da parte di idee e pregiudizi del giudicante. È quando si usa come nome per designare uno scopo, che la parola non è più equivalente a *oggettivo*.

Curiosa è la storia dell'obbiettivo nel senso di sistema di lenti che troviamo in telescopi, binocoli, macchine fotografiche, telecamere: tali lenti sono disposte in modo da rendere all'occhio un'immagine reale, oggettiva, di ciò che guarda – e perciò si parlava di vetri obbiettivi.

La presenza di due varianti, con una o due *b*, può essere una buona risorsa per differenziare i significati della parola: ad esempio si può usare *obbiettivo* come nome, per indicare il sistema di lenti o uno scopo,

riservando *obiettivo* al senso aggettivale. Questa tendenza esiste, ma si tratta comunque di scelte stilistiche che possono restare affidate alla libertà e al gusto personali.

All'opinione ingenua di chi ritiene che scrivere *obbiettivo* con due *b* sia errato perché la parola latina aveva una *b* sola, si deve obbiettare (con due *b*) che la pronuncia della parola prevede la *b* doppia, perché quel suono latino si è raddoppiato quando era tra una vocale e una *i* seguita da vocale. E infatti si scrivono esclusivamente con doppia *b* quasi tutte le altre parole italiane che hanno raddoppiato la *b* originariamente scempia della base latina: *sabbia*, *nebbia*, *abbiamo*, *dobbiamo*, *scabbia*, *fibbia*, *trebbiare*, *nibbio*, *rabbia*, *dubbio* e così via. Nessuno scriverebbe *sabia*, *nebia*, *abiamo*, *dobiamo*, *scabia*, *fibia*, *trebiare*, *nibio*, *rabia*, *dubio*. L'eccezione alla regola è *obiettivo*, non *obbiettivo*.

Nota a margine. *Parola dotta* significa che non risulta dall'uso continuo della parola latina. L'uso causa l'usura: in bocca ai parlanti comuni le parole nei secoli subiscono mutamenti fonetici. Mentre il latino *obiectum*, usato ogni giorno dalle persone, si è eroso foneticamente diventando *oggetto* (da cui deriva *oggettivo*), il termine *obbiettivo* risulta dal recupero intenzionale e dotto che della parola è stato fatto in epoca tarda, successiva a quella in cui era avvenuto il mutamento, rimettendola quindi in uso nella veste fonetica originaria. Ci sono molti altri casi in cui l'italiano ha recuperato mantenendoli più intatti termini latini di cui esisteva già la forma popolare foneticamente mutata. E di solito le due parole che ne risultano hanno anche senso diverso; ad esempio *platea* e *piazza*, *spatola* e *spalla*, *vizio* e *vezzo*, *esempio* e *scempio*, *plebe* e *pieve*, *circolo* e *cerchio*.

obnubilare

ob.nu.bi.là.re (io obnùbilo)

S Annuvolare; offuscare.

E Dal latino *obnubilare* 'essere particolarmente nuvoloso', formato da *ob-* rafforzativo e *nubilare* 'essere nuvoloso', verbo denominale da *nubes* 'nuvola'.

Estate, panorama ampio, valle aprica, colori abbacinanti nella poderosa luce del sole, cinguettii d'uccelli; poi arrivano d'un tratto mandrie grasse di nuvole nere che rabbuiano tutto parando il sole con la schiena, accompagnate da un vento di buriana. I colori vivi si spengono e così i rumori spensierati; questo è l'obnubilare.

L'accezione puramente meteorologica ammette però interessanti traslati: l'obnubilato è l'offuscato nei sensi, nell'intelletto, nel sentimento. Più che ottenebrato è confuso, annebbiato. Sarà obnubilato il celebre professore ormai giunto a una veneranda età, ma non la sua fama; saranno obnubilati i sensi del malato sottoposto a sedativi; e saranno obnubilati i sentimenti di empatia del macellaio.

olistico

o.lì.sti.co

S Relativo all'olismo, paradigma filosofico per cui un sistema non è riducibile alla somma delle sue parti; riferito a qualcosa nel suo insieme.

E Dal greco *hólos* 'tutto, intero, totale'.

Secondo la teoria olistica un sistema non può essere conosciuto come somma lineare delle parti che lo compongono. Riferendoci per esempio al campo medico, in cui questa parola viene largamente usata, si parla di olismo quando si contrappone la cura del paziente nel suo insieme alla cura della mera malattia: un organismo, nel paradigma olistico, è un sistema

non riducibile alla somma dei diversi elementi che ne fanno parte.

I fronti di sviluppo di questo paradigma sono tanti – dalla medicina alla psicologia, alla fisica, alla filosofia *tout court* – e tendono a scardinare quella concezione modulare della conoscenza che di solito (spesso inconsapevolmente) adottiamo. Ma di volta in volta cambia quel *quid* di «ulteriore» e di «diverso» che ha il tutto rispetto alla somma delle parti. Dove va ricercato? In qualche caso l'olismo è la riaffermazione di quell'intuito inanalizzabile che ci fa percepire la differenza fra delle macchie di colore e il *3 maggio 1808* di Goya, che ci restituisce la diversità fra la successione di suoni e la quarta sinfonia di Brahms – o la ragione per cui una battuta spiegata non fa più ridere nessuno.

ordalia
or.da.lì.a

S Prova attraverso cui si ottiene un giudizio divino.
E Dal latino medievale *ordàlium* 'giudizio', dal germanico longobardo *ordail* 'giudizio di Dio' (nel tedesco moderno *das Urteil* è il giudizio, la condanna).

In passato, per dirimere controversie giudiziarie, fu molto in voga l'ordalia: piuttosto che affidarsi a noiose indagini circa l'innocenza o la colpevolezza dell'accusato, lo si sottoponeva a prove terrificanti da cui la divinità – se innocente – lo avrebbe miracolosamente fatto uscire non solo vivo, ma illeso. Così l'Europa per secoli è stata tutta un fermento di pietroni al collo (e giù nel fiume), ripescaggi a mani nude di oggetti da pignatte di acqua bollente o piombo fuso, e passeggiate sui carboni ardenti. Inutile dire che a quanto pare c'erano un sacco di colpevoli, ai tempi.

Per estensione l'ordalia ha indicato anche duelli giudiziari (com'era rapida la magistratura, allora), e

prove un po' meno truculente – ma sempre vòlte a determinare se il favore divino stesse o meno dalla parte di qualcuno. Oggi, che per certe questioni siamo meno inclini a rimettere tutto nelle mani di divinità troppo evasive, l'ordalia resta una prova di deciso sapore epico, che si può contestualizzare in una partita di calcio, in un esame, in una tornata elettorale, e da cui si può ancora far scherzosamente dipendere la benevolenza del dio.

orgasmo
or.gà.smo
S Culmine dell'eccitazione e del piacere sessuale; agitazione, sforzo intenso.
E Dal greco *orgasmós*, da *orgáo* 'sono intimamente agitato'.

Capita di trovare scritta, in certi autori, la parola *orgasmo* con un senso che non tocca la sfera sessuale. Ad esempio, Manzoni scrive che il buon sarto che ospita Lucia scampata all'Innominato, sentendosi chiedere dal cardinale Federigo Borromeo se era disposto a ospitare la giovane e sua madre Agnese, era «messo in orgasmo dalla presenza d'un tale interrogatore».

È una parola potentissima. È un'eccezionale, impetuosa mossa dell'intero animacorpo, lo sforzo massimo, al picco, la suprema tensione. Può essere quello del centometrista in corsa, del poeta che scrive, di una città nel fronteggiare una calamità, di uno Stato intero nel risollevare le proprie sorti. Nella vita, la frequenza e varietà di orgasmi rientra nel calcolo della felicità.

orpello
or.pèl.lo
S Ornamento vano ed esagerato; lega di nessun valore simile a oro.

E Dall'antico francese *oripel* 'pelle dorata', dal latino *aurea pellis*. Questa lega veniva usata per rivestire oggetti di una «pelle» d'oro.

Si tratta di una parola piuttosto rara e di registro alto, ma di grande forza descrittiva, che può essere largamente usata: l'orpello è la decorazione vistosa e inutile, per giunta di scarso valore. L'immagine di partenza è semplice: rivestire chincaglierie di similoro – segno della vanità, dell'ostentazione, e della ricchezza solo apparente.

Il valore dell'orpello è scarso anche sul piano morale, come quello di ogni finzione. Saranno quindi orpelli tanto gli apparecchi tecnologici più *in* – se vai a lezione senza iPad non sei nessuno, ma ci prendi appunti? – quanto i titoli di avvocato o professore, o magari nobiliari, da «Lei non sa chi sono io!»; saranno orpelli gli addobbi di design che tappezzano le vetrine delle boutique del centro in cui entrano solo magnati russi, e le frasi pompose e vuote del saggio scritto da un erudito troppo pedante.

ostracismo

o.stra.cì.smo

S Nell'antica Grecia, istituto giuridico introdotto nel V secolo a.C. e consistente nell'infliggere a un cittadino un esilio decennale; esclusione, emarginazione.

E Dal greco *ostrakismós*, da *óstrakon* 'conchiglia', e per estensione frammento di terracotta.

Una volta l'anno, ad Atene, durante l'assemblea detta Ecclesìa, i cittadini potevano esprimere la volontà di comminare un ostracismo. Questo consisteva nello scrivere il nome della persona che si voleva bandire dalla città su un coccio di terracotta, inserendolo poi nelle urne di voto. Raggiunto un certo numero di voti – la maggioranza semplice su un quorum di

scimila – lo sventurato se ne doveva andare immantinente dall'Attica (la regione di Atene). Non perdeva proprietà né altri diritti: se ne doveva semplicemente andare per dieci anni. Poteva anche nominare un curatore dei propri beni rimasti in città, e l'ostracismo non toccava la sua famiglia, che poteva restare a casa.

La cosa curiosa è che questa votazione non veniva aperta solo nei casi di reale pericolo per lo Stato, e non comportava alcuna accusa penale: si trattava di un voto politico arbitrario. «Tu, fuori!». Da notare l'uso dei cocci di terracotta: le pergamene ancora non esistevano, e tantomeno la carta; l'unico supporto simile su cui poter scrivere era il papiro, ma doveva essere importato dall'Egitto ed era costosissimo. Invece, colpo di genio. Cocci rotti: grande quantità, costo zero.

Oggi l'ostracismo mantiene in modo figurato il suo significato di allontanamento; infatti nelle dinamiche sociali è ben più dell'emarginazione: è la deliberata volontà da parte di un gruppo di escludere un individuo – non c'è votazione ma la volontà comune è chiara e il risultato è lo stesso. Così potrà essere ostracizzato il ragazzino sognante o grassoccio alle medie, potrà essere ostracizzato lo scomodo luminare con teorie fuori del coro, o il comico che ha rubato degli sketch ad altri comici. Il maledetto.

P

palinsesto
pa.lin.sè.sto
S Documento scritto dopo avere raschiato via la scrittura precedente; programmazione delle trasmissioni televisive o radiofoniche.
E Dal greco *palímpsestos*, composto da *pálin* 'di nuovo' e *psán* 'raschiare'.

In tempi antichi non era raro, vista la scarsità e il costo del materiale su cui scrivere, che testi vecchi venissero raschiati via per poter scrivere nuovamente sullo stesso papiro o pergamena: fortunatamente col progredire della scienza è diventato possibile, in certi casi, recuperare il testo originale, alle volte rivelatosi di importanza storica capitale, come accadde al cardinale e filologo Angelo Mai, che nel 1820 fra i palinsesti della Biblioteca Vaticana ritrovò il *De re publica* di Cicerone, grazie ad agenti chimici che fecero riaffiorare il testo raschiato per scriverci sopra un assai meno introvabile commento ai *Salmi* di sant'Agostino – impresa celebrata da Leopardi con la nota canzone intitolata *Ad Angelo Mai*.

Ma quest'abitudine di raschiare e riscrivere fu facilmente accostata per similitudine alla programmazione radiofonica e televisiva: le trasmissioni, ciascuna col suo orario, vengono continuamente inserite, riconfermate, spostate, riorganizzate, cancellate, reintrodotte – provvisorie e sostituibili come scritte su una lavagna.

pandiculazione
pan.di.cu.la.zió.ne
S Insieme dei movimenti di stiracchiamento che accompagnano lo sbadiglio.
E Dal latino *pandiculàtio*, da *pandiculari* 'stirarsi sbadigliando', derivato di *pàndere* 'aprire'.

Una parola curiosa; non per i suoi usi pratici, che sono piuttosto limitati, ma per la precisione del suo significato. Nel linguaggio medico, indica i movimenti sinergici che solitamente accompagnano lo sbadiglio; in altri termini, dipinge quell'insieme di stiramenti infinitamente goduriosi che quando si sbadiglia in occasioni rilassate ci si concede come istintivo complemento e coronamento dello sbadiglio, sempre che non lo si debba reprimere e discretamente nascondere con la mano. La pandiculazione, quindi, si concretizza in una libera estensione delle braccia e dei polsi, in un allungamento della schiena, delle gambe e dei piedi. Certo non è facile immaginare un discorso in cui infilare questa parola, anche perché suona molto scientifica, e naturalmente le sono preferite alternative più immediate, come *stiracchiamento*; ma l'ironia dotta apre ogni porta. Allora si può parlare dell'importuna pandiculazione dello studente a lezione, ci si scuserà per le pandiculazioni del marito a teatro, e finito il libro ci si abbandonerà a una meritata pandiculazione. Va infine notata la semplice realtà che l'etimo ci comunica; non significati strani né originali, ma l'evidenza che i Latini non erano di marmo come le loro statue con cui spesso li confondiamo; e che sbadigliavano, e che si stiracchiavano, come i nostri trisavoli, i nostri bisnonni, noi e i nostri bambini.

panglossismo

pan.glos.sì.smo

S Inclinazione a credere di vivere nel migliore dei mondi possibili.

E Dal nome di *Pangloss*, personaggio del *Candido* di Voltaire.

Nel racconto di Voltaire, il dottor Pangloss è il precettore di Candido. Ha una teoria, mutuata a modo suo dal filosofo tedesco Leibniz, secondo cui viviamo nel migliore dei mondi possibili. Si tratta di una teoria che può essere sostenuta in termini metafisici e teologici (il mondo è stato creato da un dio perfetto *et similia*), ma in termini pratici è indifendibile: Pangloss è quindi la caricatura dell'irriducibile ottimista, che non perde occasione per notare e far notare come tutto volga al meglio, a dispetto degli accadimenti più atroci e delle sorti più sfortunate. Per via del successo dell'opera di Voltaire, Pangloss è diventato l'eponimo di questa credenza. Una credenza che però non va liquidata come se non valesse niente: quella dell'ottimismo caparbio è una parte dialettica interessante. E anche se alla fine del *Candido* riesce completamente reinquadrata in un paradigma dove il meglio si costruisce con intenzione e fatica, il discorso finale di Pangloss mantiene un'aura di ottimistica inoppugnabilità, di vibrante piacevolezza in cui chiunque, se non altro quando le cose vanno bene, si può almeno un poco identificare:

> Tanto è vero che se voi non foste stato scacciato a gran calci nel sedere da un bel castello per l'amore di madamigella Cunegonda, se non foste stato sotto l'Inquisizione, se non aveste corso l'America a piedi, se non aveste dato un buon colpo di spada al Barone, se non aveste perso tutti i montoni del bel paese di El Dorado, voi non sareste qui a mangiar cedri canditi e pistacchi.

pantagruelico
pan.ta.gru.è.li.co
S Enorme, gigantesco, riferito all'appetito o a un pasto.
E Da *Pantagruel*, gigante dall'insaziabile appetito, le cui avventure sono narrate nell'articolato romanzo *Gargantua e Pantagruel* nato dalla penna di François Rabelais nel Cinquecento.

È un aggettivo corposo come l'appetito o il pasto cui viene attribuito, buffo e dal suono felicissimo. «Durante queste feste ci siamo fatti delle mangiate pantagrueliche: sono dovuto passare dalla cintura alle bretelle».

Da notare che esiste un aggettivo dal significato quasi identico – anche se forse un po' più generico e astratto dal cibo – che si rifà al padre di Pantagruel: *gargantuesco*, da Gargantua – a sua volta accostabile a *garganta*, che in spagnolo significa 'gola'. Nel film *Kill Bill vol. 2* fa bene Elle Driver, l'assassina con un occhio solo, a lamentarsi che questa parola venga poco usata.

pantoclastico
pan.to.clà.sti.co
S Affetto da pantoclastia, o relativo ad essa; distruttivo.
E Composto dagli elementi *panto* e *clastìa*, che vengono dal greco *pan* 'tutto' e *kláein* 'rompere'.

Nel lessico della psicologia, per pantoclastia si intende l'impulso morboso a rompere tutto ciò che si ha intorno. Si può manifestare nei parossismi di eccitazione maniacale o schizofrenica. Ma questa parola è suggestiva anche nel suo significato generico, e quello di tendenza a spaccare tutto ammetterebbe usi più versatili degli attuali. Ad esempio, l'esasperazione dello studio può condurre a una crisi pantoclastica, per cui si riducono gli appunti in coriandoli; un cieco

spirito di rivolta può degenerare in furia pantoclastica, eclissando ogni ragione di protesta; e il grande artista in crisi, in un momento di pantoclastia, può distruggere tutte le sue opere; che magari, rovinate in un evento così significativo, acquistano un valore maggiore.

paradigma
pa.ra.dìg.ma
S Modello fondamentale e pienamente rappresentativo, prototipo.
E Dal greco *pará* 'oltre' e *déiknymi* 'mostro'.

L'insieme delle forme che fanno da modello per conoscere la coniugazione di un verbo è il suo paradigma. In un'altra accezione, tutte le forme di quel verbo. Ma questa parola non viene usata in maniera limitata a verbi latini e poco oltre. Infatti ha in sé un potenziale immenso. Tutti gli esempi che facciamo, se sono veramente rappresentativi, sono dei paradigmi: rendono evidenti le caratteristiche generali della cosa di cui vogliamo parlare. Nei quattrocento metri ostacoli, restando sempre nei tredici passi tra un ostacolo e l'altro fino in fondo alla gara, il grande Edwin Moses ha stabilito un paradigma definitivo. Con la sua capacità di cambiare genere e di innovare a più riprese, Picasso è un paradigma dell'artista contemporaneo. E con la teoria della relatività unita alla lunga capigliatura disinvolta, Albert Einstein è nell'immaginario collettivo il paradigma dello scienziato.

parossismo
pa.ros.sì.smo
S Momento di esasperazione culminante di uno stato d'animo; in geologia quello vulcanico rappresenta il momento più violento dell'eruzione.

E Dal greco *paroxysmós* 'esasperazione', formato dalla particella intensiva *pará* e da *oxýs* 'acuto'.

Il parossismo di un sentimento ne è l'apice estremo. Si può parlare di parossismo dell'ira, dell'eccitazione, dell'odio, dell'entusiasmo: non è un semplice momento intenso; è strutturalmente il vertice supremo, l'esasperazione sulla sua vetta, quando la persona ne sente il massimo effetto – nel bene o nel male.

pastoia

pa.stó.ia

S Fune posta a bloccare le zampe degli animali; ostacolo.

E Dal latino *pastus* 'pascolo', da *pàscere* 'nutrire'.

Dovendo badare a un gregge di molti animali che pascolano, in passato si usava una bruta ed efficace pastoia per legare le due zampe anteriori agli sventurati quadrupedi – i quali così trovavano serie difficoltà ad allontanarsi o fuggire.

Similmente, volendo insegnare al cavallo l'ambio, ossia l'andatura in cui il passo solleva due zampe dal medesimo lato (a mo' di cammello), è uso legargli ciascuna zampa davanti alla rispettiva di dietro, in modo che le possa muovere solo così accoppiate.

Per estensione le pastoie diventano gli impedimenti, i vincoli, gli ostacoli. L'amore per un cibo potrà essere ostacolato dalla pastoia di un'allergia; le pastoie della paura, dell'incertezza o del dolore potranno impedire di fare la scelta giusta; mentre alla cena formale, le pastoie degli abiti da sera impediranno ogni schiettezza – a meno che qualcuno non incrini platealmente la rigida atmosfera. Ma soprattutto, in questo paese non si può fare niente, per colpa delle onnipresenti pastoie burocratiche.

Ricordiamo il verbo *impastoiare* (io impastóio) che indica il metter pastoie.

pedissequo

pe.dìs.se.quo

S Che si adegua passivamente senza alcuna originalità.

E Dal latino *pedisequus* 'servo che accompagna a piedi il padrone', composto da *pes* 'piede' e *sequi* 'seguire'.

Il pedissequo si infila sulla scia dell'autorità e lì dimora – come un pigro gabbiano nella comoda scia della nave. Non sente il bisogno di dare un contributo personale: la prassi, l'abitudine, l'ordine, il superiore, il maestro, l'illustre studioso offrono la copertura sufficiente per seguire e ricompilare lo standard, senza dover impiegare il cervello per ridiscutere o innovare alcunché.

Quella del pedissequo è una figura patetica come il lacchè, come il tirapiedi, ma in un suo specifico contesto di servaggio: è chi (o ciò che) liberamente abiura la natura creativa dell'uomo dedicandosi a ricalcare, riducendo la propria identità nella procedura da manuale.

In *La banalità del male* Hannah Arendt scrive di come il grigio nazista Eichmann trovasse piacere e sicurezza nel suo ruolo di gerarca che seguiva pedissequamente ordini, disposizioni e regolamenti – per quanto agghiaccianti; l'accademia di vecchi poeti continuerà a riciclare pedissequamente i soliti metri e i soliti argomenti, sdegnosa nei confronti del tempo attuale; la critica persevererà nel ripetere pedissequamente ciò che è già stato detto su un classico della letteratura, e la critica politica più demagogica mirerà alla ripetizione pedissequa delle solite giaculatorie.

performativo
per.for.ma.tì.vo
S In linguistica, di enunciato che realizza l'azione stessa che enuncia.
E Dall'inglese *performative*, coniato dal linguista e filosofo inglese John Langshaw Austin, dal verbo *to perform* 'compiere', passato dal francese antico *parfornir*, formato dal prefisso *per-* 'completamente' e *fornir* 'eseguire'.

L'enunciato performativo non descrive né prescrive: l'enunciato performativo è esso stesso il compimento di un'azione. Facendo degli esempi, «Ti benedico», «Lo giuro», «La seduta è tolta» e «Ti nomino Cavaliere» sono frasi che senz'altro compiono già la benedizione, il giuramento, pongono fine alla seduta e rendono l'altro Cavaliere (se si è il presidente della Repubblica). Così «Scommetto di riuscire», «Lascio in eredità i miei beni a...», oppure «Io ti prendo come sposa», potentissimi enunciati performativi, avranno sempre il colore delle formule magiche o sacre.

È interessante che basta cambiare la persona, il tempo o il modo del verbo per annullare l'effetto performativo: dire «Lui scommette» non costituisce scommessa, dire «Ti prenderò come sposa» non produce l'effetto del matrimonio, e dire «Ti nominerei Cavaliere» non trasferisce nessuna onorificenza. Ci vuole la 1ª persona al presente indicativo.

peripatetico
pe.ri.pa.tè.ti.co
S Aristotelico; che si fa o accade mentre si passeggia; al femminile, prostituta.
E Dal greco *peripatetikós*, formato da *perí* 'attorno' e *patéo* 'camminare'.

Ad Atene, nel giardino del ginnasio di Apollo Licio – il Liceo – Aristotele teneva le sue lezioni passeg-

giando con gli allievi. E non troverete peregrino l'invito a immaginarvi quanto più sensorialmente possibile la pace di questa immagine.

Così, i connotati di questo quadro possono essere estesi a tutto ciò che si compie camminando con calma – ma non solo. L'origine non esclude un camminare attorno che sia invece frenetico, irrequieto, vago, errabondo. Da qui l'ampliamento semantico sulle prostitute, ricalcato dal francese *péripatéticienne* e consacrato anche dalla penna di Baudelaire.

Si tratta quindi di una parola immaginifica e versatile: l'amico può ascoltare i tuoi problemi annuendo e parlando con voce calda in un pomeriggio peripatetico di prima primavera sul lungofiume; dopo un litigio con la persona amata ci si può trovare, peripatetici, a girar sotto casa sua senza sapere se rientrare e scusarsi o andare via facendo i sostenuti; la notte dello spoglio delle schede elettorali l'inquilino politicante del piano di sopra fa il peripatetico – e si sente, dannazione.

Nota a margine. È una delle tante parole che al maschile ha un significato complesso, mentre come nome al femminile è semplicemente un eufemismo per prostituta (altre coppie del genere sono *cortigiano/cortigiana*, *adescatore/adescatrice*, *zoccolo/zoccola*, *squillo/squillo*, e ovviamente *passeggiatore/passeggiatrice*).

pertugio

per.tù.gio

S Foro, fessura.

E Dal latino *pertusus* participio passato di *pertundere* 'forare', formato da *per* 'attraverso' e *tundere* 'battere, percuotere'.

Parola costruita da elementi antichi, nobili e forti, per descrivere l'immagine semplice e modesta dell'aprire, battendo, una piccola fessura. Il metronomo ra-

pido del picchiare del picchio fora il forte fusto dell'albero e in fondo al pertugio scova la larva grassa; nel muro rustico di una casa di campagna pochi colpetti bastano a grattare via la malta vecchia, e un mattone svelto è il pertugio ideale per nascondere e scambiare lettere clandestine; inferto, il primo dolore dell'amplesso virginale schiude il pertugio dell'intimità suprema; il prigioniero dalla porta di legno che spranga la cella scalza un nodo, e il pertugio è un nuovo contatto col mondo.

pervicace
per.vi.cà.ce
S Che insiste con tenacia.
E Dal latino *pervìncere* 'vincere completamente', formato da *vincere* con il prefisso *per-* 'completamente'.

L'irremovibile fermezza di un proposito o di una posizione, di rado ha una sfumatura positiva: il testardo, il cocciuto, l'ostinato, l'irriducibile sono rigidità orgogliose, che con iattanza rifiutano ogni ragionevole mediazione. Eppure, qualche volta sono per il meglio. Anche la pervicacia, forse in virtù del suo etimo, si presta ad accezioni positive: è una tenacia volta alla vittoria, spinta sul suo binario da una forza motrice inarrestabile come solo un ideale, un sentimento, una vocazione, una precisa, semplice e profondissima consapevolezza sa essere.

Così è l'invincibile pervicacia dell'onestà o della gentilezza, montagna salda attorno a cui il vento ululante dell'opportunismo o della rabbia si spezza e frange, impotente; così è la pervicacia irresistibile dell'amore, che se vissuto a fondo nella materia dei giorni diventa onda che monta soverchiando e spazzando via ogni incertezza o ostacolo, e «a nullo amato amar perdona», cioè non permette a nessun amato di non amare a sua volta; così è la pervicacia del sole,

dono per tutti, che dopo i gorghi tortuosi e involti dei sentimenti neri e delle notti demoniache, stendendo l'ampia e calorosa mano, restituisce l'intuizione della speranza e l'unità eterna della vita.

petricore

pe.tri.có.re

S Odore che si sente quando piove sulla terra secca.

E Dall'inglese *petrichor*, voce coniata nel 1964 dai ricercatori australiani Bear e Thomas per un articolo su «Nature», componendo il greco *pétra* 'pietra' e *ichór* 'essudato, pus', ma anche 'sangue degli dèi'.

È una parola attraente, suggestiva: sintetizza quell'universo di sensazioni che tutti associamo al momento in cui la pioggia spezza una lunga siccità, e lo racconta con l'olfatto. Ma ci riesce veramente? Bear e Thomas, ricercatori australiani, volevano svelare la composizione chimica del miscuglio che si solleva dalla terra riarsa alla prima pioggia. E ci sono riusciti. Durante il periodo secco certe piante essudano un composto oleoso, capace di inibire la germinazione dei semi, il quale penetra nel terreno e impregna le rocce. La pioggia, cadendo, scioglie e volatilizza questo composto, che insieme con altri, quali la geosmina, a cui si deve l'aroma di terra, giunge al nostro naso. Decisero di dare a questo insieme di odori un nome che, nella sua composizione di elementi greci, significa 'essudato della pietra'. Ma diciamoci la verità: benché la parola sia una sola, come spesso accade vi corrispondono realtà diversissime: come varia il petricore, a seconda di quale terra riarsa viene bagnata dalla pioggia! Un acquazzone in Salento porta al naso e allo spirito qualcosa di molto diverso da un acquazzone in Liguria, o in Val d'Orcia. Questa parola senza storia ha tanta presa sul cuore dei pochi che la conoscono, perché

ciascuno di noi ha in mente un'occasione, un momento in cui ha sentito un odore così: io penso a quella pioggia nella pineta di Viareggio, tu pensi a quella vicino a Ercolano; o forse, chissà, al prato impregnato di polline e resina sotto i tigli del viale di Dronero. Si può dire che questo è fisiologico, accade per tante parole: mamma, casa, non significano forse qualcosa di diverso per ognuno di noi? E bene così.

pingue

pìn.gue

S Grasso; untuoso; lussureggiante; abbondante.

E Dal latino *pinguis* 'grasso, fertile, oleoso'.

È una parola rara, che vive in registri elevati pur designando una realtà molto materiale. Il ventaglio dei suoi significati merita attenzione. Il senso basilare è 'grasso'. Si può quindi parlare dei pingui fianchi del signore più incastonato che seduto nella poltroncina del cinema, o della promettente pinguedine di rosei porcelli che grufolano nel brago. Per estensione metaforica dal più al meno materiale, può significare 'abbondante': con una sapiente manovra imprenditoriale ci si assicureranno pingui guadagni.

Il grasso espresso da *pingue* può però anche essere l'oleoso, l'unto, al limite per somiglianza il melmoso: ci potrà essere servita una pingue pasta al pesto, l'aria potrà essere carica del pingue profumo di una candela, o il gabbiano potrà rimanere intrappolato in una pingue melma di petrolio. Inoltre, per ulteriore traslato, il pingue può anche essere il fertile, come è una terra nera e grassa.

In pratica questa parola si può sempre sostituire con il più comune aggettivo *grasso*. Ma, a differenza di questo, impreziosisce il discorso con delicata ricercatezza.

pistolotto
pi.sto.lòt.to
S Discorso morale di ammonizione o esortazione, scritto o pronunciato; in teatro, tirata lunga che ha per scopo l'applauso.
E Dal latino *epistula* 'lettera'.

Il pistolotto sarebbe quel bel discorso retorico e moraleggiante di sapore ormai *rétro* che vuole redarguire e bacchettare, raccomandare e spronare, che la sua origine ci racconta tipico di lunghe lettere che uno si poteva veder recapitare da genitori, precettori o simili, di quelli che «Figliolo, ai miei tempi...!».

Di bel connotato, per questa parola, è l'uso nel gergo teatrale, che ne fa il pezzo che il guitto o il grande attore spara per provocare l'applauso a scena aperta. Quindi il pistolotto ha una vena plateale: durante la cena di famiglia la suocera si produrrà in un pistolotto su come venivano educate le donne nei bei tempi andati, fissando la nuora con occhi iniettati di sangue; un bel pistolotto lo farà l'Armando alla Pimpa sul fatto che bisogna mangiare le verdure (che lui da piccolo le mangiava sempre, dice); il capufficio farà a tutti un pistolotto sull'importanza di stare attenti con la carta igienica: «Due strappi soli, che un soldo risparmiato è un soldo guadagnato!».

Si vede bene che è una parola tagliente; ma anche – complice il suono e l'assonanza con le armi da fuoco – vagamente comica: chiamare pistolotto il discorso di Natale del presidente della Repubblica non è esattamente appropriato.

pletora
plè.to.ra
S Sovrabbondanza, gran quantità; un tempo, condizione medica di aumento della massa sanguigna supe-

riore alla norma; in botanica, eccesso patologico nella produzione di succhi.

E Dal greco *pléthora* ‘pienezza, abbondanza’.

È una parola forte, di bel suono franco e di registro decisamente elevato; fuori dagli usi tecnici, la pletora rimane un’abbondanza eccessiva, straordinaria, al punto da prestarsi anche a una vena comica. Si parlerà quindi della pletora di laureati da facoltà improbabili ancora in cerca di lavoro; della pletora di certificati e scartoffie da presentare in comune per poter fare il minimo lavoro in giardino; durante le festività si dovranno fare i conti con la pletora di messaggi d’auguri.

Insomma, è una parola non delle più comuni, che però, come molte altre che andiamo descrivendo, poiché esprime un concetto consueto è sempre a nostra disposizione, se vogliamo dare un po’ di tono al nostro discorso.

porno

pòr.no

S Pornografico, che rappresenta esplicitamente atti sessuali.

E Dal greco *pórne* ‘meretrice’, a sua volta dal verbo *pérnemi* ‘vendere’.

Ottenuta per abbreviazione da *pornografico*, è parola di grande versatilità, pur nella netta definizione della sua inconfondibile sfera, e la dimostra nella proteiforme varietà dei composti che riesce a generare nella lingua viva (da *pornocrazia* a *pornotassa*, da *pornocittà* a *pornodiva*). Si tratta ad ogni modo di una rappresentazione atavica, legata al mestiere più antico del mondo, poi notevolmente complicata rispetto alla semplicità del suo significato originario, in un ambito che è il paradigma del proliferare delle morali, e circa

il quale nessuna opinione può esautorare le altre legittimamente e una volta per tutte.

Resta relativissimo il sapore che prende la parola nella nostra introspezione personale, sia che ci porti a voler censurare il porno, sia che ci porti a volerlo migliorare, o solo a goderne. In arte si differenzia convenzionalmente dall'erotismo, perché questo non rappresenta nei dettagli l'atto sessuale.

posticcio
po.stìc.cio
S Aggiunto in sostituzione di una cosa vera che non c'è.
E Da *apposticcio*, dal latino *apposticius*, derivato di *appósitus*, participio passato di *appònere* (da *ad-ponere*) 'porre accanto'.

Questa parola non ha il significato generico di 'falso'; posticcio è più specificamente ciò che viene posto ad arte in sostituzione di qualcos'altro, vero o naturale, che non c'è o non c'è più. Quindi l'oscuro pittore conosciuto come il Braghettone che dipinse drappi posticci sull'inguine dei nudi di Michelangelo nella Cappella Sistina, e gli zotici arricchiti che si fanno fare un salotto posticcio in stile Impero. C'è chi per interesse ostenta una cortesia posticcia, o chi si trucca con barba e capelli posticci; e possono anche essere splendidi i paramenti posticci dell'attore che interpreta un re. Se si sente parlare di un'affermazione posticcia, non si intende dire vagamente che è falsa, ma specificamente che copre e sofistica la verità comparendo dove non dovrebbe e dove ne sarebbero più opportune delle altre.

princisbecco
prin.ci.sbéc.co
S Lega di rame, zinco e stagno che d'aspetto è simile all'oro.

E Dal nome del suo inventore, l'orologiaio inglese *Christopher Pinchbeck*, vissuto fino al 1732.

È una parola dal suono buffo: il princisbecco è una lega, che in passato ebbe gran successo, di aspetto molto simile all'oro, usata quindi per decorazioni economiche ma appariscenti, o per truffe. È divertente che il nome dell'inventore sia stato storpiato per renderlo più familiare ed espressivo, un po' come nel caso del cavaliere di ventura John Hawkwood, che Paolo Uccello dipinse in un affresco funebre conservato nel duomo di Firenze, e che è universalmente noto come Giovanni Acuto.

Certamente è una parola desueta, e oggi se pensiamo a qualcosa di pretenzioso e di poco valore non pensiamo al princisbecco; ma l'immagine di falsità che si è incaricata di esprimere nella nostra cultura la rende potenzialmente molto utile. Si potrebbe parlare di un sapere di princisbecco davanti a chi ripete molte nozioni senza aver compreso nulla di quel che dice; o di un regalo di princisbecco davanti a un dono offerto platealmente e poi revocato in privato; e per esprimere grande stupore si dirà che si è rimasti di princisbecco, così come quando scopri che quello che credevi oro in realtà è paccottiglia.

In quest'ultimo senso lo troviamo usato in *Pinocchio*, quando il burattino, nel paese dell'Acchiappacitrulli, denuncia per furto il Gatto e la Volpe e invece viene condannato lui: «Il burattino, sentendosi dare questa sentenza fra capo e collo, rimase di princisbecco e voleva protestare: ma i giandarmi, a scanso di perditempi inutili, gli tapparono la bocca e lo condussero in gattabuia».

procace

pro.cà.ce

S Provocante, attraente; che chiede.

E Dal latino *procari* 'chiedere con sfrontata insistenza', derivato di *procus* pretendente (ricordiamo i proci, pretendenti di Penelope che si erano installati nella casa di Ulisse), dalla stessa radice di *prex* 'preghiera'.

È una parola che vive quasi esclusivamente nella sfera sessuale, nonostante con un po' di fantasia se ne possa ampliare la portata. Qualcosa o qualcuno di procace non è semplicemente sensuale o avvenente: chiede attenzione in modo dinamico e attivo, eccitandola, quasi pretendendola; da qui intuiamo una connotazione affine al provocante, ma più sfacciata e licenziosa, con note di ostentazione.

La ragazza che ha già tentato tutte le altre vie all'esame di diritto privato può munirsi di scollo procace; tirandone un po' il senso, il figlio di papà può essere vestito con griffe procaci; e alla prima della Scala una procace alta società sgomita per essere notata più della musica.

procrastinare

pro.cra.sti.nà.re (io procràstino)

S Rimandare a domani; rimandare.

E Dal latino *procrastinare*, formato da *pro* 'a favore' e *cràstinus* 'di domani', aggettivo da *cras* 'domani'.

Di per sé è una parola neutra. Rimandare a domani, che male c'è? Può essere consigliabile e necessario. Ma per qualche motivo – forse perché lo facciamo troppo spesso – il differire al giorno dopo ci sbruciacchia una certa qual coda di paglia, e si connota di rimprovero per la pigrizia di chi rimanda all'infinito.

Si procrastina classicamente l'inizio della dieta, la rinuncia al vizio del fumo, l'inizio dello studio per l'esame; si procrastina il riordino della soffitta, il montaggio dei mobili dell'Ikea ancora imballati in soggiorno, la corvée di comprare i regali di Natale,

e il taglio dell'erba del giardino. Così si resta grassi, intossicati, si inizia a studiare quando ormai il disastro è inevitabile, in soffitta prolifera un ecosistema autonomo, gli imballaggi impilati ci scacciano di casa, e così via. Ah, per attraversare il giardino ormai ci vuole il machete.

Nota a margine. Dice una delle leggi di Murphy: «L'impegno è inversamente proporzionale al tempo che rimane». Corollario: «Senza l'ultimo momento non si farebbe mai nulla».

proditorio
pro.di.tò.rio
S Da traditore, sleale.
E Dal latino *pro* 'avanti' e *dare* 'dare', con derivazione simile a *traditore*.

Il latineggiante *proditore* in luogo di *traditore* non ha praticamente diffusione. Invece l'aggettivo *proditorio* è difficilmente sostituibile, e ha una notevole efficacia. Esprime in modo forte e puro il giudizio lucido e severo su un'azione spregevole.

prolegomeni
pro.le.gò.me.ni
S Prefazione, discorso introduttivo di un argomento o di un'opera.
E Dal greco *prolegómena*, neutro plurale del participio presente passivo di *prolégo* 'dire prima'.

Parola così dotta che più dotta non si può. Nella civiltà classica poteva designare qualunque prologo (stessa etimologia) o prefazione (stessa etimologia, ma in latino). Ormai è usata di rado perfino nei testi accademici. In effetti intitolare *Prolegomeni* un'esposizione introduttiva potrebbe tradire un atteggiamento pretenzioso – a meno che non si presenti come segnale

esplicito di autoironia. Il termine giace (sia pure impolverato) nell'orecchio di chiunque abbia studiato filosofia al liceo – sentito e usato una sola volta, in riferimento ai *Prolegomeni ad ogni metafisica futura che vorrà presentarsi come scienza* di Immanuel Kant, opera propedeutica alla sua *Critica della Ragion pura*.

Ad ogni modo, una parola di così alti natali va spesa con proprietà: si potrà parlare dei prolegomeni di un incontro sportivo quando se ne vuole presentare il retroscena in maniera aulica; si potranno sbeffeggiare le presentazioni di un libro scadente bollandole come inutili prolegomeni a una ancor più inutile lettura; e per comprendere le opere teatrali o cinematografiche più criptiche possono essere necessari ampi prolegomeni.

prosopopea
pro.so.po.pè.a
S Figura retorica che consiste nel far parlare persone defunte o assenti, animali ed oggetti inanimati o astratti; atteggiamento boriosamente solenne ed enfatico.
E Dal greco *prosopopoiéo* 'personificare', composto da *prósopon* 'faccia, personaggio' e *poiéo* 'fare'.

Si tratta di una figura retorica molto interessante: nella finzione letteraria si dà voce a entità che non ne avrebbero, spaziando da umani che essendo morti o assenti non possono parlare fino ad arrivare alla personificazione di animali, oggetti (come ad esempio statue) o perfino idee. In questo senso è celebre la prosopopea in cui Socrate, nel *Critone* di Platone, davanti alla condanna a morte rifiuta la fuga da Atene preparata dai suoi accoliti, immaginando che cosa potrebbe dire alle Leggi della città se le incontrasse nel momento in cui sta fuggendo dalla loro volontà. Ma gli esempi sono innumerevoli.

Come figura retorica, si capisce, si presta però bene a toni eccessivamente solenni e affettati: il far parlare qualcosa che non parla può facilmente scadere nel gonfio e pesante, e alla fin dei conti nel ridicolo. Così è invalso un uso nuovo di questa parola, il significato con cui più spesso ormai la incontriamo: un'aria di presunzione esageratamente retorica. Possiamo quindi dire che il tal professore parla con gran prosopopea; nell'affrontare un argomento potremmo volerci allontanare dalle consuete prosopopee; oppure potremmo censurare la prosopopea con cui ci risponde chi cerca con essa di nascondere che in realtà aggira il nocciolo della domanda.

prosseneta
pros.se.nè.ta
S Sensale; mezzano, ruffiano.
E Attraverso il latino *proxeneta* 'intermediario', dal greco *proxenetés*, da *proxenéo* 'ospitare', formato da *pró* 'davanti' e *xénos* 'straniero'.

Nell'antica Grecia esisteva l'istituto della prossenìa – che oggi intenderemmo come una specie di ambasciata, di consolato. Esso consisteva nel ruolo di guida e protezione che un illustre cittadino di una certa città ricopriva a vantaggio degli stranieri provenienti da un'altra specifica città da cui era designato, perfino ospitandoli in casa propria; volendo chiarire con un esempio grossolano, i cittadini di Tebe che si recavano ad Atene, per trovare aiuto, si potevano rivolgere a un certo cittadino ateniese incaricato da Tebe di questa ospitalità. Per i tempi, lo potremmo calcolare come un accordo internazionale sui consolati. Si trattava quindi di un'istituzione di grande importanza, che fungeva da cuscinetto fra realtà diverse – ed è questa immagine di cuscinetto, di intermediario, che ci rimane nel

significato di *prosseneta*. Spesso il personaggio dell'intermediario è visto come il furbo aggiustatore d'affari, capace di combinare incontri che innanzitutto tornano a suo pro: così, come accade per sensali e ruffiani, anche il prosseneta si colora facilmente di avventuroso e di levantino. Ma cercando di far valere l'antico nucleo di questa parola, si può pensare che il prosseneta sia un mezzano che opera in una dimensione più internazionale. Cercando una stanza in affitto in centro si potrà dover trattare col prosseneta di un grande proprietario immobiliare inglese, o tedesco, che quando questo è in viaggio ne alloca gli appartamenti – e che per una piccola cifra fuori contratto ti può trovare una sistemazione deliziosa a due passi dal duomo; senza dubbio il prosseneta riuscirà ad assicurarti la presenza di quel celebre artista straniero per l'apertura del festival, ma non sarà facile, e si sa, la qualità costa; magari il prosseneta potrà convincere l'artigiano a vendere a te, turista, il capolavoro a cui è così affezionato, anche se, capirai bene, non sei certo l'unico interessato.

Ma il senso principe di questo termine, ormai, è quello del mezzano che ti procura sesso con una persona a cui da solo non sapresti arrivare.

psittacismo

psit.ta.cì.smo

S Tendenza a ripetere come un pappagallo ciò che si è sentito; tendenza a usare parole vuote o che non si comprendono.

E Dal greco *psittakós* 'pappagallo'.

L'immagine del pappagallo che ripete le parole che sente è molto suggestiva: lo può fare con bravura sorprendente, ma certo non attribuisce un significato a ciò che dice. Lo psittacismo è quindi la tendenza a ripetere parole o idee di altri al modo del pappagallo, senza ca-

pirle. In certi casi può essere sintomo di una patologia psichica, che porta alla ripetizione compulsiva di frasi udite; più comunemente, è sintomo di un certo tipo di ignoranza, che consiste nel riportare meccanicamente ciò che si è sentito o addirittura studiato. Per dare profondità a quest'ultimo caso, torna particolarmente fertile l'uso che di questo termine fece il filosofo Leibniz: quando certe parole non sono colte nella loro essenza profonda e concreta, il ragionamento che le impieghi finisce per essere uno psittacismo, una voce vuota come quella del pappagallo. Si tratta di un rischio sempre in agguato per ogni concetto astratto (Leibniz parla di pensieri «ciechi» e «sordi»), ma possiamo scorgervi una minaccia anche più frequente: la ripetizione di espressioni e parole fornite da altri finisce per lavarne via ogni autenticità, e quindi ogni significato. Perché per convogliare un significato in una parola o in una certa espressione è necessaria consapevolezza, e una certa capacità di interpretazione. Ma talvolta all'esame, per superficialità, lo psittacismo più dotto viene premiato con voti alti; i titoli dei giornali e le discussioni degli opinionisti sono affetti da psittacismo, adottato per comodità e mancanza di fantasia; e l'inchiesta scomoda trova ostacolo nell'ossequioso psittacismo dei politici, rinserrati dietro formule di circostanza.

Una parola importante perché, anche se è poco conosciuta, descrive un fenomeno consueto in maniera sarcastica e tagliente.

pusillanime
pu.sil.là.ni.me
S Privo di coraggio e di volontà.
E Dal latino *pusillanimis*, composto da *pusillus* 'piccolo', diminutivo di *pusus* 'ragazzo', e *animus* 'animo': di animo piccolo.

Parola decisamente *rétro*, con delle sfumature notevoli. La pusillanimità è una profonda inadeguatezza, piena di timori; il giudizio su di essa è però addolcito da una connotazione di immaturità. Accostarla a viltà e meschinità sarebbe eccessivo: si tratta di una piccolezza che può crescere – un pavido che si può temprare, un accidioso che si può infervorare. Saranno pusillanimi gli studenti del primo anno, che si spaventano dei primi esami, pusillanime chi è restio a partecipare a una manifestazione di capitale importanza, pusillanime chi non confessa il proprio amore – magari nemmeno a sé stesso.

putiferio
pu.ti.fè.rio
S Clamore generato da un litigio rabbioso; grande confusione.
E Probabile alterazione del latino *vituperium* 'vituperio, infamia, disonore'. Le fonti danno anche altri suggerimenti, di diversa attendibilità. Per alcune dal latino *putère* 'puzzare' e *ferre* 'portare'. Per altre dal nome di *Putifarre*, dignitario del faraone legato al personaggio biblico del patriarca Giuseppe, immaginato come potentissimo eunuco di corte dallo scrittore tedesco Thomas Mann, che gli dedica ampio spazio nel romanzo *Giuseppe e i suoi fratelli*, e ritratto innumerevoli volte nell'arte occidentale di ogni epoca.

È una parola che descrive cose disordinate con maturità e distacco. Indipendentemente dalla veridicità, le diverse ipotesi sull'origine sono interessanti. Una suggerisce il legame sensoriale forte tra situazioni agitate e quel disordine olfattivo che è il puzzo; o addirittura un puzzo, una corruzione morale. Un'altra rimanda alla storia del patriarca Giuseppe che, venduto schiavo dai fratelli, viene acquistato dal ministro

egiziano Putifarre – presso cui svolge un servizio tanto valido da diventarne servo personale e amministratore dei beni. E tanto da attirare l'interesse libidinoso della di lui moglie. Giuseppe, integerrimo, rifiuta le insistenti *avances*, finché lei non lo aggredisce – con definiti intenti porcelli. Lui si sottrae ancora, e lei, come spesso fanno le persone respinte, si vendica dicendo (al marito) che Giuseppe ha tentato di sedurla. Ma Giuseppe era lo schiavo preferito e più fidato: si scatena quindi un putiferio in casa di Putifarre. (Per sapere come va a finire leggetevi la Bibbia, controllate su Wikipedia o guardatevi il film di animazione *Giuseppe il re dei sogni.*)

Q

quagliare
qua.glià.re (io quàglio)
S Cagliare; avere buon esito.
E Dal latino *coagulare*.

La nobile quaglia, a dispetto della prima impressione, non ha niente a che vedere con questa parola. *Quagliare* è una variante di *cagliare*, ossia far rapprendere (in particolare il latte in formaggio) per effetto del caglio: ed è in questa immagine che va ricercato il senso figurato del quagliare come 'riuscire'. Insomma, se il latte caglia, il formaggio viene. Non va sottovalutata l'importanza figurativa del coagularsi di un liquido lattiginoso in un solido bianco: è un concretizzarsi, un realizzarsi materialmente, e per questo un riuscire. Nella nostra civiltà del terziario e del virtuale, naturalmente questo significato figurato ha messo in ombra quello concreto.

Certo *quagliare* non è una parola alta, anzi; ma è una variante che ha ingentilito i suoi natali rustici, anche con una spiccata inclinazione all'ironia. Per fare qualche esempio, ci si domanderà se l'accordo commerciale quaglia o non quaglia; con gomitate cameratesche si chiederà all'amico se il suo appuntamento galante ha quagliato; si dovrà andare a comprare qualcosa in pasticceria perché la cottura del soufflé non ha quagliato (come al solito).

R

rampognare
ram.po.gnà.re (io rampógno)
S Rimproverare duramente.
E Dall'antico francese *ramposner*, da *prosne* 'divisorio che in chiesa separa coro e navata'.

È il tipo di rimprovero più aspro che si possa immaginare. Infatti la situazione originaria della rampogna è pesante: si tratta del grido del sacerdote che rimprovera dall'altare, facendo cadere la sua condanna su di te confinato nel posto dei laici, anche fisicamente escluso dal recinto della santità.

Si tratta di una parola aulica e letteraria, certo, ma si tratta anche di un tipo di sgridata il cui fondamento è radicato fra i timori reverenziali comuni nella nostra civiltà, così profondamente influenzata dalla religione e dalle istituzioni ecclesiastiche. Da credenti o no, l'altare ci pare comunque lontano; ed è impossibile avvicinarglisi con leggerezza.

Oggi la rampogna può sconfinare dalle penne dei vecchi «poeti laureati», e tornare uno strumento utilissimo per sostituire i suoi sinonimi, per la verità piuttosto magri o rozzi. Insomma, perché villanamente *cazziare*, quando si può sovranamente *rampognare*?

recere
rè.ce.re
S Vomitare.
E Dal latino *re-* 'indietro' e *iàcere* 'gettare'.

Diffusa, come verbo, soltanto nella forma dell'infinito presente, questa parola ha in sé tutta la fierezza che va con l'indicare accadimenti poco decorosi in maniera velata e dotta: infatti, pur essendo equivalente a *rigettare*, l'estrema vicinanza col latino la nobilita. E se si dice che qualcosa «mi fa recere» si resta impeccabili anche se quel che si è appena espresso è un concreto disgusto da conato irrefrenabile. Una chicca.

Da notare la maggior fortuna toccata al participio passato dello stesso verbo latino, *reietto*, il cui significato però è molto diverso.

remora

rè.mo.ra

S Indugio, freno; scia laterale e tranquilla della nave.

E Dal latino, derivato di *mora* 'indugio, ritardo'.

È una parola raffinata e franca – che evita la debolezza del purtroppo inflazionato *scrupolo*, e si distingue dal *dubbio*, che semmai la precede e la determina.

Avere una remora è qualcosa di duro e resistente, non una semplice indecisione sentimental-intellettuale: è un'ancora che non permette di procedere, o un ostacolo che si oppone impietrendosi sul volto.

Le remore sono anche dei pesci che, muniti di una sorta di ventosa, si attaccano agli scafi o ai pesci più grandi, facendosi trainare. In antico (l'immagine rende bene il senso della parola) si pensava che questi pesci potessero addirittura fermare le navi, da cui il loro nome.

resilienza

re.si.lièn.za

S Resistenza alla rottura, capacità di affrontare e superare le avversità.

E Dal latino *resilire* 'rimbalzare, saltare indietro'.

Una delle caratteristiche più proprie della vita vissuta con entusiasmo (oltre che dei piloni in cemento armato) è la resistenza alla rottura. Il vitalismo rende capaci di reagire dopo qualsiasi caduta, e di sopportare qualsiasi carico. E questo spesso lo scordiamo, quando ci arrendiamo allo sconforto, allo scoraggiamento, alla paura. La qualità in questione, per chiamarla con il suo nome più elegante, è appunto la resilienza.

reticente

re.ti.cèn.te

S Che tace nascondendo quello che sa.

E Dal latino *reticère*, formato da *re-* 'indietro' e *tacere*.

Parola elegante, e di senso preciso: la reticenza è il silenzio di chi sa ma non vuole dire – per interesse, per timore. È proprio in questa precisione che sta la sua forza comunicativa, che definisce in una parola sola l'intera azione complessa del trattenere tacendo. La si trova anche in usi meno precisi, nel senso di chi non parla volentieri di qualcosa, o addirittura genericamente (confondendosi con *renitente*) rifiuta di fare qualcosa.

Classicamente sarà reticente il testimone quando, interrogato, non dice ciò che ha visto o sentito; e incorrerà in un preciso reato penale. Durante la cena, uno dei convitati potrà essere reticente su questioni di famiglia; durante il negoziato le parti, sospettose, stenderanno pantani di reticenze, rendendo difficile giungere all'accordo. Il politico intervistato dai giornalisti d'assalto mentre esce dalla riunione importante sarà reticente, perché se parlasse prima del tempo manderebbe all'aria tutta la strategia del partito.

risma
rì.sma
S Unità di conteggio della carta, pari a cinquecento fogli; categoria negativa di persone.
E Dall'arabo *rizma* 'pacco, fascio', da *razama* 'impacchettare'.

Furono gli Arabi a introdurre in Europa l'uso della carta: un prodotto di pregio, ricavato dal cotone, ma meno costoso della pergamena. E naturalmente, insieme alla carta, introdussero la relativa unità di conto dei fogli – la risma – che ne annoverava quattrocento o cinquecento, a seconda degli usi. Oggi se ne sente parlare sempre meno perché si preferisce indicare direttamente il numero di fogli presenti in un blocco, ma è stata un'unità di conto di gran successo. E chi voglia continuare a usare la parola in questo senso potrà contare sulla splendida atmosfera di antichi commerci mediterranei che riecheggia; ad ogni modo, si continua a usare correntemente per indicare in genere un pacco di fogli, indipendentemente dal numero.

Rilevante è anche l'uso di *risma* in senso figurato: la risma è un gruppo di persone individuato con chiari connotati dispregiativi. Si potrà dire che al concerto pandemonìaco si trovavano persone d'ogni risma, cioè appartenenti a ogni tipo di gruppo; il signore che ha cercato di passare avanti a tutti nella fila (senza riuscirci) borbotterà lamentandosi di questa risma di gente screanzata; e il padre rampognerà il figlio dicendogli che non lo vuol vedere con farabutti di quella risma. Quando un politico del partito che preferiamo si comporta come credevamo potessero fare solo quelli del partito avversario, concluderemo amaramente che sono tutti della stessa risma.

Non era inevitabile che *risma* prendesse un senso figurato negativo; ma ha fatto la sua parte la sfumatura

di dozzinale che hanno i grandi numeri, oltre forse a un secolare, inguaribile sospetto circa la qualità del pacco che si acquista.

robot

rò.bot

S Apparato elettronico e meccanico che svolge un lavoro automaticamente; automa.

E Termine coniato dallo scrittore di fantascienza ceco Karel Čapek, partendo dal ceco *robota* 'lavoro'.

È una parola dal respiro più ampio di quel che potrebbe sembrare. Infatti si riferisce a ogni macchinario che svolga un lavoro in sostituzione dell'uomo – non solo agli androidi fantascientifici. Le impastatrici da cucina sono robot, i bracci meccanici delle catene di montaggio industriali sono robot, gli androidi giapponesi che suonano il violino sono robot, il Golem di Praga è un robot. Molti di noi sono robot senza saperlo, perché agiscono mossi non dalla loro autonoma volontà, ma da convinzioni e pulsioni collettive che li condizionano quasi come un programma determina gli stati successivi di una macchina.

rocambolesco

ro.cam.bo.lé.sco

S Audace, avventuroso, con mille peripezie.

E Dal nome di *Rocambole*, avventuroso protagonista dei romanzi di Pierre Alexis Ponson du Terrail; in francese *rocambole* è il nome di un tipo di aglio, da noi noto come aglio romano o, appunto, rocambola.

Da opere letterarie assolutamente dimenticate continuiamo a trarre parole tuttora vivissime: è il caso di *rocambolesco*. Rocambole, figura emblematica del romanzo ottocentesco, è un personaggio moralmente ambiguo, audace e spregiudicato. Potrebbe essere acco-

stato alla categoria dei ladri gentiluomini, come un Arsenio Lupin o il nostro Diabolik. Le sue azioni erano spericolate e mirabolanti, e riusciva sempre a cavarsela attraverso mille peripezie: e tale è il rocambolesco.

Il riferimento all'aglio, poi, consapevole l'autore, suggerisce il connotato sensoriale della forza saporita, quasi piccante, di questo modo di agire. Si parlerà quindi di una fuga rocambolesca del ladro attraverso il mercato gremito; sorpresi dalla nevicata improvvisa o dal diluvio universale, si abbandonerà il motorino riuscendo in un rocambolesco ritorno a casa; il giocatore di rugby giungerà a mettere la palla in meta evitando gli avversari con una corsa rocambolesca, nel clamore entusiasta dello stadio. E l'acquisto della società concorrente si chiuderà solo dopo rocamboleschi intrecci tra la finanza e i salotti della politica.

ruffiano
ruf.fià.no

S Chi, per denaro o altri interessi, agevola gli amori altrui; adulatore.

E Incerta; forse incrocio tra il latino *rùfulus* 'uomo coi capelli rossi' e *puttana*; forse dal longobardo *hruf* 'forfora'; forse dal nome proprio *Rufia*, ispirato al colore fulvo delle parrucche usate ai tempi dalle meretrici.

Quella del ruffiano era una figura a metà fra il mezzano, combinatore di matrimoni, e il lenone, protettore di prostitute: gli amori che favoriva potevano essere d'ogni tipo. Il ruffiano ha però anche un significato più genericamente viscido: egli cura i propri interessi attraverso manovre astute, condotte soprattutto con l'adulazione, e compiacendo il potente con la sottomissione.

Attualmente il termine ha quasi perso la relazione con i fatti amorosi, rimanendo, in modo generico ma

efficace, il leccapiedi che ottiene favori rendendosi gradito. Sarà ruffiano il giornalista che intervista il proprio politico di riferimento, attendendo riconoscimento o ruoli prestigiosi; sarà ruffiano lo studente più arrivista che vuole accattivarsi il professore; il venditore ruffiano tenterà di lisciare il cliente con complimenti e lusinghe per indurlo a comprare di più.

S

sabba
sàb.ba
S Adunanza notturna demoniaca a cui partecipano Satana, streghe e maghi.
E Da *sabato*, giorno dell'adunanza (che avrebbe cadenza settimanale).

Secondo le amabili tradizioni medievali, di sabato il Demonio si riuniva con i suoi fedeli, compiendo riti magici osceni e sacrilegi vari: banchetti a base di bambini, orge sanguinarie, e già che c'era, parodie di liturgie cristiane; insomma, uno spasso al cui confronto i sabati sera in discoteca paiono misere caricature (o no?). Però non c'era solo divertimento, infatti si programmava anche il lavoro della settimana: il diavolo forniva pozioni e preparati di cui le streghe e i maghi si sarebbero serviti, e soprattutto si iniziavano i nuovi adepti, che dopo l'atto solenne di apostasia suggellavano il patto col loro nuovo signore baciando appassionatamente il suo demoniaco buco del culo (bacio più forbitamente detto *osculum infame*).

Strano – e triste – pensare che veramente nella storia persone sono state torturate e atrocemente uccise per aver partecipato a un sabba.

sacculinizzazione
sac.cu.li.niz.za.zió.ne
S Evoluzione degenere; parassitismo, atrofia.

E Termine coniato da Konrad Lorenz nel 1983 nel suo libro *Il declino dell'uomo*, mutuandolo da *Sacculina carcini*, nome di un parassita del granchio.

La *Sacculina carcini* è un animale molto suggestivo. Appartiene all'ordine dei cirripedi, ed è un parassita del granchio della sabbia *Carcinus maenas*. Nasce come essere autonomo, ma subito si mette in cerca del suo ospite; quando lo trova gli si aggrappa addosso, e gli inserisce parte di sé in un interstizio della corazza – giusto un manipolo di cellule. Il resto del suo corpo resta appiccicato all'ospite come un'inutile appendice: la vera vita del parassita continua in quelle cellule che ha inserito dentro la corazza del granchio, che crescono fino a costituire una ghiandola. In effetti la *Sacculina carcini* diventa una vera e propria ghiandola sessuale, capace di alterare le funzioni biologiche dell'ospite, che si sobbarca per entrambi la responsabilità di sopravvivere. L'azione di questo parassita non si ferma qui. Infatti, agendo sulla produzione ormonale del granchio, arriva a sterilizzarlo, facendogli convogliare tutte le energie nell'accumulo di cibo: nella cura, cioè, del proprio parassita, escludendo dalla sua vita la procreazione, la pulizia, tutto. Inoltre, se il granchio è maschio, inizia a farlo comportare come una femmina. A quel punto deposita all'interno del corpo dell'ospite le proprie uova. Sopraggiunge il sacculina maschio, che penetra nel corpo del granchio ospite e feconda quelle uova. Lì la coppia di sacculine vivrà per il resto della propria vita, come una coppia di anziani coniugi nella casa di campagna, continuando sempre a far deporre al granchio uova di sacculina fecondate, come se fossero le sue.

Perché Lorenz prende questo esempio per parlare di evoluzione degenere? La sacculina, nella propria evoluzione biologica, impone a un altro essere di ge-

stire in sua vece molte delle proprie funzioni vitali basilari. Lei invece se ne resta immobile, incistata nell'ospite, nutrendosi di ciò che lui ha procacciato e decidendo la sua sorte – ma completamente cieca rispetto a ciò che accade nel suo ambiente. Ora, un profilo del genere è molto eloquente: vi ricorda qualcosa?

Lorenz affronta il discorso della sacculinizzazione in un'ottica precipuamente genetica; ma l'immagine è buona. È molto buona. Ci si prende cura del nonno mettendolo in casa di riposo; guardando un cellulare non percepiamo gli schiavi congolesi che hanno cavato il coltan nel medesimo cellulare contenuto, e dagli outlet delle nostre periferie non si vedono i palazzi crollati in Bangladesh; si compra droga a prezzi onesti e si va alla manifestazione in ricordo di Falcone e Borsellino; si sognano oleograficamente rendite, vitalizi, vincite al lotto. La ragione singola e contingente di ciascun caso di delega o ignoranza è ovviamente comprensibile, anche se non giustificabile; ma quando le migliaia di ragioni singole e contingenti formano un disegno permanente, eccoli apparire: l'atrofia, il parassitismo. La sacculinizzazione.

sagace

sa.gà.ce

S Scaltro, pronto di mente; che ha buon fiuto, specie riferito al cane.

E Dal latino *sàgax* 'acuto, perspicace, che ha buon fiuto', da *sagus* 'profetico, presago'.

La sagacia, per come la si intende comunemente, pare un tipo di scaltrezza buona per fare la battuta giusta al momento giusto; ma sotto questa piccola punticina, c'è un iceberg colossale. La sagacia è l'accortezza intelligente di chi, nella situazione scura, torbida o anche solo concitata, fiuta una via – di chi vede

uno spiraglio invisibile e ci si infila, come il cane in una traccia impalpabile spazzata nell'aria. Che poi sia la via per la battuta del secolo o per la soluzione di un problema, poco importa: è l'immagine a monte a essere decisiva. In origine la sagacia era legata a doppio filo con la profezia, e ancora conserva il suo nesso con il saper *presagire*: stessa radice, quasi identica immagine.

Insomma, la sagacia non è un'intelligenza che squaderna cause ed effetti: è il fiuto, l'intuizione istantanea dell'invisibile, una prontezza mentale al limite con la premonizione.

salace

sa.là.ce

S Licenzioso, eccitante; pungente, sferzante.

E Dal latino *sàlax*, da *salire* 'saltare', ma anche 'accoppiarsi'.

La storia di questa parola ci presenta un fenomeno molto curioso. Originariamente, salace è ciò che eccita la libidine, cioè il piccante, il licenzioso – dall'immagine cristallina di un 'saltare' che è saltare addosso. Ma la somiglianza con *sale* ha aggiunto a questa parola il significato di salato, e quindi mordace, sferzante, corrosivo; e nel sentire di molti anche intelligente: l'accostamento non ha una giustificazione etimologica ma solo paretimologica, è suggerito dalla forma simile di queste due parole.

Quindi una battuta salace è una battuta scurrile, a tema sessuale, ma per molti, anche se impropriamente, è una battuta acuta e tagliente; una risposta salace potrà essere quella del latin lover che fa allusioni piccanti o quella graffiante della persona spiritosa; e una storiella salace potrà essere lubrica e divertire la compagnia, o sarcastica e pungere sul vivo.

In questa sola parola vivono di fatto due anime molto diverse fra loro, accomunate però da un impalpabile parallelo: il salace sveglia – il basso ventre o l'intelletto – così come riesce a fare un sapore forte percepito all'improvviso sulla lingua, che sia salato come l'intelligenza o piccante come il sesso.

salamelecco

sa.la.me.lèc.co

S Saluto cerimonioso, esagerato.

E Dall'arabo *salam alaik* 'pace su di te', saluto tipico del mondo islamico.

Il salamelecco è il saluto eccessivo, complimentoso, che mira a lisciare e compiacere il prossimo: qui sta la connotazione negativa della parola, tendente al viscido, sintomo di volontà surrettizie. Interessante come l'etimologia ci racconti un'origine che invece è assolutamente amichevole e positiva: il passaggio al negativo va forse cercato nei modi di incontro fra le diverse civiltà mediterranee.

La cultura araba – come saprà chi ha un po' viaggiato o letto – ha raffinato enormemente la cerimonia del commercio, il proprio principale veicolo di espansione: ancora oggi come non restare spiazzato, da europeo, quando entrando in un qualunque negozio di ceramiche o tappeti di Amman o di Aqaba, il negoziante sorridente ti si fa incontro domandandoti se nel tè alla menta tu voglia una o due zollette di zucchero? Ovviamente la gentile calma del mercante arabo ha la sua efficienza lucrativa: il levantino, accomodando, meglio dispone alla spesa. E chissà quante volte dei commercianti europei, incontrando il mercante che si faceva loro incontro ridente *salam, salam alaik* si sono fatti fregare di brutto! Probabilmente così tante, che

da allora in poi, davanti ai salamelecchi, son sempre stati con gli occhi aperti.

saliente

sa.lièn.te

S Che sale, che risalta.

E Dal latino *sàliens*, participio presente di *salire* 'salire'.

L'uso più comune di *saliente* è nel senso di rilevante, notevole, importante. I fatti salienti della vicenda, gli aspetti salienti di una teoria, le fasi salienti di un processo storico. L'immagine fondamentale è quella di qualcosa che sale, come ad esempio per le acque salienti, cioè che sgorgano in superficie. Ma spesso ciò che si solleva finisce per trovarsi più in alto del resto, per sporgere, per segnalarsi.

sanie

sà.nie

S Materia purulenta.

E Dal latino *sànies* 'pus, sangue corrotto, veleno, morchia'.

Questo sostantivo letterario permette grande eleganza nell'indicare qualcosa di rivoltante e infetto. Al di là dell'uso medico, per cui una ferita mal medicata stillerà sanie, ci potrà disturbare in certe mostre di pittura o spettacoli teatrali la fetida sanie che corrompe un'arte intenzionalmente piagata; in alcuni giochi di potere e sordidi privilegi vedremo la sanie che infetta l'amministrazione e la politica; con una persona altrimenti splendida rovinerà tutto la sanie della gelosia morbosa o della rodente invidia.

È lo schifo più viscerale e istintivo, che viene materializzato e arricchito dall'affratellamento etimologico col veleno organico, espresso in una forma preziosa.

sardonico
sar.dò.ni.co
S Beffardo, sprezzante, maligno.
E Dall'aggettivo greco *sardónios* – che indica un riso amaro – usato già da Omero, che si può mettere in relazione con l'erba *sardonia*, velenosa e capace di provocare spasmi muscolari del viso.

Dal punto di vista medico, si dice sardonico un ghigno contratto provocato dall'erba sardonia o dal tetano. Ma più in generale è il sorriso malato, il riso che è ringhio dei sentimenti violenti o maligni, oppure la smorfia di un sarcasmo senza pietà, di un disprezzo goduto. È un'espressione storta, scura, cattiva – alfiere di sentimenti e pensieri che niente hanno della luce né della felicità.

satrapo
sà.tra.po
S Nell'antico impero persiano, governatore di una provincia; per traslato, chi abusa del proprio potere.
E Dal persiano *khshathrapa*, composto da *khshathra* 'regno', a sua volta da *shah* 're' (lo Scià) e *pa* 'signore'. Signore del regno.

Nell'elefantiaco impero persiano, vario, caotico e instabile, certo l'imperatore, ossia lo *Shahanshah*, il Re dei Re, non poteva governare da solo gli sterminati territori che si estendevano dalla boscosa valle dell'Indo, ai piedi dei contrafforti celesti dell'Hindu Kush, passando per i deserti asiatici induriti da venti feroci, fino alla verde Mesopotamia e alle amene coste dell'Egeo. Così Ciro il Grande, nel V secolo a.C., divise l'impero in venti province, dette satrapìe poiché a capo di ciascuna fu messo un satrapo. Questi satrapi erano scelti fra i membri della famiglia reale o fra i nobili di più alto lignaggio – persone fidate perché legate al grande

sovrano. Ma la lontananza dalle capitali e un potere pressoché assoluto su regioni ricchissime abitate da popolazioni di sudditi aggiogati, è un invito seducente all'autocrazia. Così il satrapo diventa chi ha un potere e ne abusa a mani basse: un amministratore delegato schiumante di avidità, un politico opulento e mafioso, un santo guru che dopo aver divorato i beni donatigli dai suoi accoliti fa anche la scarpetta con il poco che gli era rimasto.

La connotazione negativa può anche essere meno intensa: comunque la figura del satrapo raggiungeva vertiginosi picchi di potere e ricchezza che superano l'immaginazione – essenzialmente diversi dalla nostra realtà, dal lusso dei banchieri, dagli sfarzi degli sceicchi, dalla forza dei dittatori. Picchi che forse potevano esistere solo in regni immensi e misteriosi ai confini del mondo.

sbolognare

sbo.lo.gnà.re (io sbológno)

S Sbarazzarsi di una cosa o di una persona sgradita, passandola a qualcun altro; in particolare, dare via monete false o fuori corso.

E Derivato di *Bologna*, forse perché a Bologna si facevano oggetti d'oro falso o di bassa lega, con il prefisso *s-* che ha funzione espressiva.

Già nell'Ottocento sono attestate alcune forme come *bolognare*, nel nord Italia, nel senso di 'imbrogliare' – e all'inizio del secolo scorso (rifacendosi all'antica moneta bolognese chiamata *bolognino*) lo stesso verbo acquisiva dapprima il significato di pagare, e poi quello di vendere con furbizia. Infine, qualche decennio più tardi, è emersa con decisione la forma *sbolognare*, insieme al suo significato di scaricare ad altri qualcosa o qualcuno di non gradito. Questa parola può

contare su un carattere buffo e scanzonato, radicato in ironici motti popolari come «Oro di Bologna, rosso dalla vergogna»; certamente non sta di casa in registri particolarmente elevati, ma riesce a dare una gran vitalità al discorso. Dovendo partire in ferie, sbologneremo a un collega remissivo il compito che non siamo riusciti a portare a termine; dopo che la gatta ti ha partorito otto cuccioli, inizierai una massiccia campagna pubblicitaria dai toni accorati e patetici per sbolognarli in giro; ricevuto un regalo orrendo, lo sbologneremo a qualcun altro che non ci sta supremamente simpatico, augurandogli beffardamente buon compleanno.

scafato
sca.fà.to
S Disinvolto, esperto, furbo.
E Da *scafare* 'togliere dal baccello', dal romanesco *scafa* 'baccello', per metafora dal latino *scapha* 'piccola barca'.

Ci si aspetterebbe che questa parola avesse qualcosa a che vedere con lo scafo di una barca – intendendo, visti i suoi significati, una certa attitudine alla navigazione, una disinvoltura nel fendere le onde grazie a un buono scafo. Non per niente, *navigato* significa la stessa cosa. Alla lontana, un nesso con lo scafo natante c'è; ma lo scafare si riferisce precipuamente a un'immagine inaspettata e ancor più ricca.

Lo scafato è chi, figuratamente, è stato tolto dal baccello, come vengono tolti dal baccello i legumi; questo ci suggerisce la figura di chi lascia la casa, una prospettiva ristretta, ed entra in una realtà più ampia, facendo esperienze che si traducono in un vivere più disinvolto.

Quindi si parla dell'adolescente scafato che ha già capito come gira il mondo; lo studente scafato si pre-

senta agli esami senza ansie e soggezioni sapendo che cosa interessa al professore e come lisciarlo; la vecchietta scafata si finge rincorbellita per dare le monete da cinquecento lire invece dei due euro al fruttivendolo, che benevolo non le fa notare l'errore per non metterla a disagio. La ragazza scafata sa come far soffrire ogni uomo senza mai soffrire lei.

scalogna

sca.ló.gna

S Sfortuna.

E Forse dal latino *calumnia* 'offesa'; forse collegato a *scalogno*, anche noto come *cipolla di Ascalona*.

L'etimologia di questa parola è interessante e complessa: davvero si intrecciano le sorti dell'offesa e della cipolla? Forse che tale nesso deriverebbe da tradizioni popolari per cui la sfortuna avrebbe colpito, nel gioco, chi di giorno avesse toccato cipolle? No, più probabilmente la spiegazione è da ricercare in successive evoluzioni del latino *calumnia*, forse attraverso un *excalumniare* col significato di pagare a rate, e quindi del trarsi fuori (*ex-*) dall'offesa (*calumnia*) del debito un po' per volta – riducendola oppure finendo spellati e ridotti in miseria per pagare il debito; da cui il senso di sfortuna, sciagura.

Ciò che più conta è il gioco del caso linguistico, che attraverso i secoli sposa le immagini di parole diversissime come la sfortuna e una cipolla. La scalogna ci arriva allora come una jella casuale e colorita, di suono pieno: si può essere scalognati giocando a carte, quando ti pelano (come una cipolla!) di tutto quello che hai giocato; per la scalogna di un incidente idiota che blocca la strada si può arrivare tardi allo spettacolo tanto atteso; è scalogna quando ti chini a raccogliere il portafogli e ti cadono le chiavi di casa in un tombino.

scampolo
scàm.po.lo
S Avanzo di stoffa; residuo.
E Derivato di *scampare* nel significato estensivo di 'restare'.

Lo scampolo è un piccolo avanzo di tessuto, il ritaglio di stoffa che rimane a lavoro finito – e che può poi essere rivenduto a prezzi modesti a vantaggio di chi, amatorialmente o professionalmente, recupera questi ritagli per i propri lavori di cucito. È molto tenera l'idea del pezzetto di stoffa che è scampato alla cucitura, e richiama un universo frugale, in cui per fare belle cose si racimolano le risorse come meglio si può – *in primis* attingendo agli scarti. Quella dello scampolo è un'immagine suggestiva, e chi parla con inventiva può impiegarla in maniera estremamente versatile.

Si potrà parlare degli scampoli di cultura che si riescono a raccattare in una città intellettualmente mineralizzata; il mattino dopo la festa si farà una ghiotta colazione con gli ultimi scampoli di imbandigioni della sera prima; e negli scampoli di tempo ci si dedicherà a progetti leggeri e non urgenti.

A scopo di dileggio, questa parola può anche essere usata per descrivere persone: lo scampolo in questo caso sarà il corto – di statura, d'ingegno o di virtù. Insomma, lo scampolo d'uomo o di donna è un ritaglio rispetto a quello che una persona dovrebbe essere.

scepsi
scè.psi
S Atteggiamento critico di dubbio conoscitivo, opposto al dogma.
E Dal greco *sképtomai* 'osservare'.

Comune l'aggettivo, *scettico*, meno comune e conosciuto il sostantivo, *scepsi* – che più puramente isola il concetto astratto. Senza avventurarsi nell'empireo filosofico, la scepsi è la saggezza di chi osserva senza illudersi di poter pronunciare un giudizio oggettivo, senza cedere alla tentazione del dogma, e ben sapendo, anzi, che quelle sono vie intellettualmente screditate, e logicamente difettose.

Esemplificando, ci sarà scepsi in chi, avendo visto un film, ti dirà «Mi è piaciuto» piuttosto che «È bellissimo», e al tuo «Questi peperoni mi fanno reccre» non risponderà «Ma come? Sono buonissimi!»; in chi, quando gli vogliono spiegare chi ha ragione e chi ha torto in politica, o dove è il bene e dove è il male nel mondo, risponderà col contributo della sua pur limitata esperienza – senza voler generalizzare, senza volerne trarre conclusioni assolute.

Oltre che del filosofo di ispirazione sobria, quello dello scettico è anche l'atteggiamento dell'uomo di mondo, aperto, che magari ha molto letto, molto visto e molto viaggiato, comprendendo che da punti di vista diversi il bianco può esser nero e il nero può essere bianco; e che quindi attraversa ormai la vita coi piedi per terra, vivendola per quello che è, senza perdere tempo a definire un'unica etica che lo guidi.

sciovinista

scio.vi.nì.sta

S Nazionalista fanatico ed esaltato; per estensione, sostenitore acceso e settario del proprio gruppo o categoria.

E Dal nome di *Nicolas Chauvin*, leggendario personaggio di soldato di Napoleone, esaltato ed entusiasta oltre ogni limite, sfrenatamente militarista e patriottico.

Lo sciovinismo arremba e arringa a ogni angolo. Campanilismi, regionalismi, settarismi, insomma i provincialismi mentali ma anche molto concreti si moltiplicano all'ombra della globalizzazione. Resta necessario essere guardinghi, ben pronti a cogliere atteggiamenti sciovinisti in chi abbiamo intorno – ché lo sciovinismo, in quanto estremismo, non è mai buono.

Nota di traduzione. In inglese *maschilista* si dice *male chauvinist*. Spesso, in film o in opere tradotte dall'anglosassone, per esigenze di doppiaggio o scarso acume del traduttore, in italiano rimane *maschio sciovinista*. Espressione molto colorita e rappresentativa di un certo settarismo maschile ma, come traduzione di *maschilista*, fuorviante e piuttosto prolissa.

scorbutico

scor.bù.ti.co

S Che riguarda lo scorbuto o ne è affetto; scostante, intrattabile.

E Da *scorbuto*, malattia causata da una carenza di vitamina C, dal latino medievale *scorbutus*, giunto dall'antico scandinavo *skyr-bjugr* ossia edema (*bjugr*) dovuto al latte cagliato (*skyr*).

Una dieta varia è alla base della salute fisica, lo sappiamo. Purtroppo nella storia non sempre tutte le popolazioni o tutte le categorie di persone hanno avuto disponibilità di frutta e verdure fresche, e quindi delle vitamine necessarie: nei grandi freddi del nord o durante i lunghi viaggi dei marinai, le uniche cose che si potessero trovare o conservare un po' meglio erano la carne essiccata e i formaggi; perciò nell'antichità in Scandinavia si pensava che lo scorbuto fosse dovuto all'eccessivo consumo di latte cagliato.

Gli effetti di questa malattia sul corpo sono pesanti: emorragie, piaghe, edemi; e non sono da meno gli ef-

fetti sull'umore e sullo spirito: da qui l'accezione moderna di *scorbutico*. Si tratta dello scostante, scontroso, di carattere difficile – come quei vecchi che sul bus se la prendono coi ragazzi delle medie che non hanno fatto la guerra; come gli addetti al pubblico che ti trattano male perché per loro sei... lavoro; come il vicino della tua casa in campagna, che è capace di attaccarti briga perché nell'eterno dominio della natura ha trovato una cacca che forse è del tuo cane.

Vi è una sfumatura particolarmente apprezzabile, nella parola: in origine l'atteggiamento intrattabile è dovuto allo scorbuto; estensivamente ci suggerisce che quei comportamenti che oggi definiamo scorbutici possano essere sintomi di un disagio profondo, incancrenito d'infelicità, da compatire.

scotomizzare

sco.to.miz.zà.re (io scotomìzzo)

S Rimuovere inconsciamente qualcosa dalla percezione e dalla memoria.

E Dal greco *scótoma* 'perdita parziale della vista', a sua volta da *skótos* 'buio'.

Termine tecnico, usato particolarmente in psicologia – ma i cui usi estensivi, a partire dall'idea di una parziale cecità, possono essere molto versatili. Come è di molti termini tecnici, non si tratta di una parola musicale o fine – ha un taglio meccanico e freddo.

A una festa si potrà scotomizzare una persona sgradita o che conviene evitare, quasi che fosse sempre in un punto cieco delle nostre retine; si potrà obliare un impegno o una minaccia nello scotoma dell'indolenza o del timore; i genitori scotomizzano sistematicamente i difetti del figlio ritenuto perfetto.

Da non confondere con *sodomizzare*, che vuol dire tutt'altro.

scrupolo
scrù.po.lo
S Incertezza, remora morale, esitazione, riguardo; antica unità di misura minutissima; grande diligenza.
E Dal latino *scrupulus*, diminutivo di *scrupus* 'sasso'.

Parola comune, ma di suono inusitato. Lo scrupolo è il sassolino: ora è nella scarpa della morale, ora è misura di un lavoro minuziosissimo.

Il classico uomo senza scrupoli è quello che non viene scosso da alcuna incertezza, da alcun dubbio di natura morale. Si potranno avere degli scrupoli quando per risparmiare si compra qualcosa che è prodotto in qualche paese lontano calpestando i diritti umani. La ricerca scrupolosa è quella che col suo setaccio non tralascia il minimo dettaglio; opera scrupolosa deve essere quella di chi schiaccia i pinoli per il pesto.

semplice
sém.pli.ce
S Facile; composto da un solo elemento; sobrio, modesto; erba medicinale.
E Dal latino *simplex*, composto dalla radice *sem-* 'uno solo' e da quella di *plèctere* 'piegare'. Piegato una sola volta.

Non si tratta di una parola difficile (ci mancherebbe!). È un concetto cui ricorriamo spessissimo. Ciò nonostante, l'origine e le articolazioni del suo significato meritano qualche considerazione.

L'etimo ci dice che il semplice è il contrario di un origami, piegato mille volte in maniera studiata: è qualcosa che presenta una sola piega. Ma perché l'immagine fondamentale dovrebbe essere quella del piegato-una-volta-sola e non invece quella del non-piegato? Parrebbe più logico. Se vogliamo prendere sul serio l'immagine della piega singola, forse arriviamo a

convincerci che il semplice per eccellenza non è qualcosa di già squadernato, palese, che si capisce da sé, senza alcuno sforzo. Il semplice è qualcosa che non è difficile da aprire alla propria conoscenza, ma che appunto va aperto.

Una persona semplice la immaginiamo sobria, che vive in maniera frugale e senza troppe pretese o alzate d'ingegno: una descrizione che oscilla fra il pregio e il difetto. Ma di certo la persona semplice non è difficile da conoscere, non nasconde doppi fini, non cela ombre: questo non vuol dire che sia un foglio di carta bianca, o un personaggio stereotipato su cui si può fare a meno di riflettere; semplicemente (appunto) non è tortuosa, annodata in cento involuzioni. Un messaggio semplice è pronto alla comprensione, ma è pronto alla comprensione di chi lo vuole intendere. E i semplici intesi come erbe medicinali contengono pochi princìpi, chiari alla scienza di chi li ha studiati; ma sono la base per complessi preparati farmaceutici.

Qual è il senso di rivalutare le «cose semplici», come è uso dire, siano esse piaceri, sentimenti, abitudini? Non quello di favorire la stupidità sull'intelligenza, e neanche di negare il valore di ciò che è complesso: partire da ciò che è semplice significa esercitare la comprensione, grado a grado, per intendere le pieghe del mondo. E se non sai aprire un foglio piegato a metà non potrai mai capire come si fa un origami.

serendipità

se.ren.di.pi.tà

S Il fatto o la capacità di trovare qualcosa di imprevisto cercando altro.

E Dall'inglese *serendipity*, termine inventato dallo scrittore inglese Horace Walpole; da *Serendip*, antico nome

dell'isola dello Sri Lanka, in riferimento alla fiaba persiana *I tre principi di Serendip*. Nella fiaba, i tre protagonisti scoprono inaspettatamente, durante la loro avventura, indizi e soluzioni che li tirano puntualmente fuori dai guai.

«Una vita senza ricerca non è degna d'essere vissuta» diceva Socrate. Ma la bellezza sta nel fatto che ciò che si cerca è ancora piuttosto ignoto. E a dire il vero quasi tutta la realtà è per lo più ignota. Dunque con ogni probabilità ci sono un sacco di altre cose degne di essere trovate, oltre a quelle poche che stiamo cercando. E quando scopri qualcosa che non avevi immaginato né calcolato sul tuo percorso, una vocina dentro ti dice: «Bene!».

Campioni di serendipità possono dirsi: Alexander Fleming, che scoprì la penicillina grazie a una coltura in cui si era sviluppata della muffa e proprio per questo si era ridotta la crescita batterica; la casa farmaceutica Pfizer, che cercando di mettere a punto un rimedio contro l'angina pectoris produsse il Viagra; Cristoforo Colombo, che trovò l'America cercando le Indie.

serto

sèr.to

S Ghirlanda, corona.

E Dal latino *sèrere* 'intrecciare'.

«Celeste Aida, forma divina, / mistico serto di luce e fior»: così canta Radames nell'*Aida* di Giuseppe Verdi, su libretto di Antonio Ghislanzoni. Il serto è una ghirlanda nobile, finemente intrecciata di fiori o foglie, posta su teste elette: è un serto la corona d'alloro del poeta, un serto nuziale la coroncina di fiori d'arancio della sposa, così come un serto regale è la corona preziosa e tempestata di gemme del sovrano.

Si può avere la sensibilità e l'ardire di estendere il significato di questa parola: un serto può essere ogni intreccio prezioso che sia simbolo e catalizzatore di onore e reverenza. L'opera di un artista può essere serto sul capo di una città; un politico a capo di una comunità, serto di onestà, intelligenza e devozione; l'amore di amori, parenti e amici, serto sul capo del morente che ha ben vissuto.

sesquipedale

se.squi.pe.dà.le

S Enorme, smisurato, madornale; propriamente, lungo un piede e mezzo.

E Dal latino *sesquipedalis*, composto da *sesqui*, contrazione di *semisque* 'mezzo in più' e *pedalis* 'del piede'.

Nei tempi antichi il ritmo di una poesia si scandiva battendo il tempo col piede: da qui il nome dell'unità metrica fondamentale in cui i versi erano divisi, che assumeva varie forme con diversi numeri e quantità di sillabe; appunto, il piede. Una parola lunga tanto da coprire un piede e mezzo risultava veramente pesante, ampollosa, esagerata, fuor di misura. Da qui, probabilmente, l'estensione semantica di *sesquipedale* a grande, enorme, smisurato e anche grossolano, gonfio, dozzinale, madornale.

Sarà quindi classicamente sesquipedale un errore rozzo e vistoso, oppure un orgoglio che alza di una spanna, una lettera o un'email retorica che ci vuole mezz'ora a leggere o una conferenza interminabile e pomposa, un salame di cioccolata mastodontico, o un pranzo che dura fino all'alba.

È chiara la frizzantissima vena ironica e iperbolica: una parola godereccia e di sonorità accattivante, decisamente da recuperare.

shibboleth

scib.bo.lèt

S Parola o espressione che, per le sue peculiarità, specie di pronuncia, può servire a distinguere i membri di un gruppo dagli estranei; tipo di parola d'ordine.

E Dall'ebraico *shibboleth* 'spiga' (ma in certi contesti, anche 'fiume' o 'corrente').

Parola strana? Sì. Ma il concetto che descrive è preciso e tragicamente importante. Nel Libro dei Giudici, la Bibbia parla di una battaglia sul Giordano fra Galaaditi ed Efraimiti, vinta dai primi. Alla fine di una battaglia non era così semplice capire chi dei sopravvissuti fosse di quale fazione; così i Galaaditi, ai soldati che si avvicinavano al Giordano per guadarlo, imponevano di pronunciare una parola: *shibboleth*. Gli Efraimiti, nella loro lingua, non conoscevano il suono *sh* (come in *sciarpa*), e quindi la loro cattiva pronuncia li smascherava come non Galaaditi: e venivano uccisi! Si tratta solo del più antico episodio di questo tipo che ci sia stato documentato, e perciò dà il nome all'intero fenomeno, che attraversa la Storia con una pervasività agghiacciante. Succedeva durante i Vespri siciliani del 1282: i siciliani mostravano ai sospetti un pugno di ceci; guai se avessero pronunciato *ciciri* con accento francese. Succedeva nella Repubblica Dominicana nel 1937, quando il dittatore Trujillo fece uccidere decine di migliaia di haitiani: i suoi scagnozzi li identificavano mostrando loro rametti di prezzemolo, in spagnolo, *perejil*; anche in questo caso l'accento del creolo haitiano, derivato dal francese, li avrebbe traditi. E non si contano le volte in cui è accaduto in tutta l'Europa centrale, tra Francia, Paesi Bassi, Germania e Austria, sempre in occasione di battaglie o di guerre fra paesi vicini. Quello di usare uno shibboleth è un trucco praticato perfino in Estremo Oriente: in Giappone, dopo

il grande terremoto del Kanto del 1923, scoppiò una caccia alle streghe contro i Coreani, a cui erano attribuiti sciacallaggi e sabotaggi; anche in questo caso furono individuati per il loro modo di pronunciare certe parole. Invece, durante la Seconda guerra mondiale, gli Statunitensi erano soliti far pronunciare la parola *lollapalooza*: un parlante nativo giapponese (e perciò nemico) avrebbe avuto difficoltà a distinguere *l* ed *r* in modo contrario, ad esempio, a un Filippino. I casi documentati di shibboleth usato a fini bellici e persecutori sono centinaia. Ma esistono anche facce meno cruente dello shibboleth: pensiamo ai gerghi esclusivi la cui conoscenza rafforza la complicità di un gruppo, ai termini tecnici che fanno riconoscere fra di loro gli iniziati a una certa arte, o professione, o gioco; e perfino alla sua declinazione informatica, come genere di password. Oppure si pensi alla *cadrèga* con cui, in un famoso cortometraggio, i *Lumbàrd* Giovanni e Giacomo smascherano il povero Dracula-terùn Aldo, che la scambia per una mela e la pronuncia pressappoco *catrèca*.

sibarita

si.ba.rì.ta

S Abitante di Sibari; persona amante del lusso, e che lo pratica.

E Dal nome di *Sibari*, colonia greca fondata sulla costa del golfo di Taranto nell'VIII secolo a.C.

Sibari fu un'antica colonia achea situata sullo Ionio, in quella che oggi è la Calabria settentrionale. Nei secoli successivi alla sua fondazione diventò la città più importante della regione, e attirò grandi ricchezze: così i suoi abitanti si guadagnarono la fama di persone amanti del lusso, dedite alle mollezze di una vita raffinata. Sorse anche un genere letterario, la favola

sibaritica, che consisteva in racconti con protagonisti uomini, e non animali, che tipicamente includevano battute argute o motti attribuiti proprio ai Sibariti. *Ça va sans dire*, alla prima guerra la fastosa Sibari fu spazzata via: l'inclinazione alle mollezze non è una gran virtù guerriera.

Così anche oggi, a distanza di venticinque secoli dalla fine di Sibari, quando si dice *sibarita* o *sibaritico* si intende qualcuno o qualcosa di esageratamente lussuoso e smodatamente raffinato. La domenica potremo volerci concedere il piacere di un pranzo sibaritico; il nostro collega – non sappiamo come, ha il nostro stesso stipendio – si permette vacanze sibaritiche alle Maldive; e il ricco compagno di università che non si preoccupa del proprio futuro professionale farà la vita del sibarita – non particolarmente densa di esami.

sicumera

si.cu.mè.ra

S Ostentazione di sicurezza di sé.

E Incerta; forse di derivazione ironica dal *sicut erat* della preghiera cristiana del *Gloria*. Parte del testo latino recita: «Sicut erat in principio, / et nunc et semper, / et in saecula saeculorum», che in italiano significa «Come era in principio, / e ora e sempre, / e nei secoli dei secoli».

La sicumera è una sicurezza presuntuosa, che ostenta superiorità: se rispondo a una domanda con sicurezza userò una fermezza pulita nel tono della voce e una padronanza tranquilla del tema; se a quella domanda invece rispondo con sicumera, la mia risposta si tinge di superbia, di una convinzione quasi esibizionista, da palcoscenico. È una parola particolarmente aulica, e spesso è usata semplicemente come sinonimo ricercato di *sicurezza*; ma il concetto che esprime è preciso e diverso.

Chiariamo che l'etimo proposto è incerto: sicuramente è alla base del rarissimo *sicutera*, alterazione di *sicut erat*, che significando 'come era', indica uno *status quo ante*, una situazione precedente: ad esempio si dirà scherzosamente che è il caso di tornare al sicutera.

Diversa la storia per *sicumera*: all'epoca della liturgia in latino, facendo il verso a chi recitava con solenne convinzione parole a tutti note ma ai più ormai incomprensibili, poteva evocarsi l'immagine di un compiacimento tronfio e forse non abbastanza giustificato.

silhouette

si.lu.èt

S Tipo di ritratto che consiste nel solo contorno della figura, specie nero su sfondo bianco; figura snella.

E Termine francese, dal nome di *Étienne de Silhouette*, controllore generale delle Finanze del re di Francia Luigi XV, vissuto fra il 1709 e il 1767.

Fra le sue virtù Luigi XV non poteva annoverare la parsimonia. Spendeva e spandeva con una larghezza difficilmente sostenibile: ma dopotutto, una guerra oggi, un ampliamento di Versailles domani, e si fa presto a vedere centinaia di milioni di franchi volare via. Inoltre il bisnonno Luigi XIV, il Re Sole, gli aveva lasciato una quantità di debiti preoccupante. Fu giocoforza applicare la filosofia del «Dopo di me, il diluvio» e concentrarsi sulle grazie di Madame de Pompadour.

Il buon Étienne de Silhouette, investito dell'incarico di controllore generale delle Finanze, tentò di porre rimedio a questa emorragia di denaro, e la tattica che adottò è un evergreen: tasse. In particolar modo, cercò di attaccare i patrimoni dei nobili e del clero, tassandone i beni e le fastose residenze – oltre, ovviamente, a imporre un'amministrazione pubblica

estremamente parca. Tagli, tagli. Questo non gli fruttò molta popolarità, e il suo nome entrò ironicamente nel parlato come antonomasia per indicare una semplicità risicata ed essenziale.

Si chiamarono «à la Silhouette» i calzoni che non avevano tasche, e un tipo di ritratto molto alla moda di quel tempo, che consisteva nel ridurre a un'ombra nera il profilo della persona, fu chiamato «profil à la Silhouette». Questa antonomasia, anche se il nesso col coscienzioso Étienne de Silhouette si è perduto, ha avuto un successo clamoroso: ancora adesso per indicare un profilo attraverso un termine elegante (che l'uso del francese garantisce sempre), non si può che dire *silhouette*; e quando una ragazza sfoggia una splendida forma fisica, ci complimentiamo per la sua silhouette. (In Italia non abbiamo avuto un Silhouette, ma complimentarsi con una ragazza per la splendida «monti» potrebbe non avere la stessa efficacia, quindi attenzione. E la splendida «tremonti» sarà pure peggio.)

sincretismo

sin.cre.tì.smo

S Fusione di elementi eterogenei in una forma unica.

E Dal greco *synkretismós* 'confederazione alla maniera cretese', formato da *syn* 'insieme' e *Kréte* 'Creta', che indicava l'unione dei Cretesi, solitamente discordi, contro un nemico comune.

Le mutevoli correnti di religioni confinanti che si compongono in un culto misto, non necessariamente unitario ma certamente frutto di contaminazioni e scambi; le desinenze di diversi casi del nome che si sono fuse in una sola, per la gioia degli studenti; al limite, scherzosamente, la decisione di andare a cena fuori dopo il cinema, che mette insieme le preferenze di chi voleva l'una e di chi voleva l'altra cosa.

sinecura
si.ne.cù.ra
S Impiego, compito che richiede scarso impegno e lavoro; nell'ordinamento ecclesiastico, incarico che non comporta cura delle anime e assistenza ai fedeli.
E Dall'espressione latina ecclesiastica *sine cura* 'senza cura (di anime)'.

La cura dei fedeli e gli uffici delle liturgie sono i compiti più umani e nobili dei sacerdoti di ogni religione, quelli che implicano, per loro, un ruolo sociale (anche secolare) di punto di riferimento, d'esempio, di consiglio, di aiuto.

È però anche vero che non sono ruoli semplici, e che gli uffici delle gerarchie ecclesiastiche non sempre sono compatibili con questa cura, e che magari personaggi altolocati non particolarmente lanciati verso il prossimo possono volere il privilegio della dispensa: da qui l'incarico *sine cura*, nato come beneficio in seno alla Chiesa medievale.

Per estensione, la sinecura è quell'impiego, quel compito che non si può dire sia gravoso, anzi: quasi non è fatica – sia che sia ben remunerato, sia che non lo sia. Così il brillante pensatore potrà interpretare il posto di ricercatore come una sinecura, salvo scoprire che i suoi studenti non lo stimeranno per niente; il ragazzo non particolarmente zelante potrà trovare finalmente un lavoro sinecura in un ufficio postale di campagna; al vecchio presidente del consiglio d'amministrazione potrà essere attribuita qualche sinecura onorifica e di rappresentanza.

sofisticato
so.fi.sti.cà.to
S Adulterato, alterato; artificioso, eccessivamente ricercàto, cavilloso; raffinato, elegante; perfezionato.

E Da *sofista*, figura di retore dell'antichità, di capacità oratorie raffinatissime e artificiose. A sua volta dal greco *sophízo* 'rendo sapiente, parlo da sapiente' e, in specie, argomento in maniera scaltra.

Il termine nasce con una connotazione negativa: ciò che è sofisticato è artefatto, un'esausta ed eccessiva complicazione dell'intuitivo. Ne deriva però il sofisticato-ricercato, come brillante sinonimo di raffinato ed elegante. E così, dipende dai casi; e dai gusti: bere Dom Pérignon da una taccododici non è certamente da primitivi, ma forse non è il massimo dell'eleganza. Quindi definirlo sofisticato avrà valore positivo o negativo a seconda di quale dei suoi aspetti giudichiamo più importante.

Notevole è anche il significato di questo termine in campo alimentare: il vino da tavola scadente che costa meno della Fanta, o i cibi-spazzatura che non vanno mai a male sono alimenti sofisticati, cioè adulterati, contraffatti, la cui natura è stata chimicamente alterata. E se il corpo è un tempio, è bene che certe empietà non lo profanino.

sollucchero

sol.lùc.che.ro

S Piacere, appagamento.

E Sconosciuta. Forse connesso a *zucchero*.

È una parola dal suono pieno, espressivo, e descrive con grande vivacità la soddisfazione genuina e un po' compiaciuta che significa. Anche per questo, nonostante i dizionari continuino a indicare come variante più corretta *solluchero*, la forma *sollucchero* è decisamente più invalsa nell'uso: questa parola è godereccia, e vuole riempire la bocca.

Le locuzioni in cui vive principalmente sono *andare in sollucchero* e *mandare in sollucchero* – ma

questo non vuol dire che il suo uso debba essere limitato a queste ipotesi stereotipate. I suoi colori scherzosi, gioiosi e compiaciuti meritano un impiego più variegato. Certamente l'oniomaniaco (cioè chi ha una compulsione all'acquisto) andrà in sollucchero quando scoprirà di aver diritto a un dieci per cento di sconto sull'acquisto di nuova merce – e giù altra roba ammassata alla cassa; ma analogamente ci si potrà prendere una serata intera per sollucccherarsi con vino nuovo e olio nuovo, o ci si abbandonerà nel sollucchero di un pomeriggio passato a leggere sotto le coperte; e un professore d'arte straniero si godrà il sollucchero di un *grand tour* fra Venezia, Firenze e Roma.

sornione
sor.nió.ne
S Che non lascia trasparire quel che sente o pensa, mostrandosi neutro o bonario.
E Incerta. Forse collegato al latino *surnia* 'civetta', per il suo aspetto vigile e astuto. Fra le lingue europee può essere affine allo spagnolo e al portoghese *surna*, sostantivo di significato simile, o perfino al francese *sorner* 'prendere in giro' o *sornette* 'tonteria'.

È l'indecifrabile o il volutamente indecifrabile, che coi gesti posati e le espressioni sibilline frappone un diaframma alla comprensione, e quindi, per chi lo colga, genera una certa diffidente soggezione. Durante una partita a scacchi l'avversario siede a braccia incrociate, sornione, e sentite che vi sta sfuggendo qualcosa. A una riunione di lavoro avete una proposta vincente e un accenno di sorriso sornione sul volto, aspettando che tocchi a voi di parlare. Rientrate a casa a tarda notte, senza far rumore, e aperta la porta vedete che dal divano il gatto vi fissa, sornione.

sosia
sò.sia
S Persona così simile a un'altra da poter essere scambiata per essa.
E Dal nome di *Sosia*, personaggio della commedia latina *Amphitruo* (*Anfitrione*) di Tito Maccio Plauto.

Qualche anno prima del 200 a.C. Plauto mette in scena la splendida narrazione della *liaison* amorosa che portò alla nascita di Ercole. Anfitrione, comandante tebano, si trovava lontano da casa a battagliare; nel mentre, sua moglie Alcmena ebbe in sorte di destare le sensuali attenzioni del sempre arzillo Giove. Questi, aiutato dal furbo Mercurio, ordì un inganno per sedurla: Giove avrebbe preso le fattezze di Anfitrione, Mercurio quelle del suo servo, Sosia; quindi si sarebbero recati a casa di lei – che sicuramente li avrebbe scambiati per gli originali, accogliendo il marito come si intende sia d'uopo fare con un comandante vittorioso di ritorno dalla guerra. Il problema è che davvero Anfitrione e Sosia stavano tornando dalla guerra – e il servo era stato mandato avanti per annunciare il prossimo ritorno del comandante. Solo che il povero Sosia, giunto davanti alla casa dei padroni, trova a far da palo Mercurio, che ha assunto le sue fattezze.

Di qui in poi è il delirio: Sosia viene convinto da Mercurio di non essere Sosia, quindi torna (non poco confuso) dal suo padrone, che l'indomani arriva a casa, dove la moglie crede di averlo salutato nuovamente in partenza il mattino stesso, alla fine di una notte di fuoco, dato che doveva ripartire per una nuova campagna bellica. Fra litigi comici tutti giocati sull'equivoco, spiegoni insostenibili in cui vari personaggi tentano di fare il punto della situazione, parti mancanti del testo e un *deus ex machina* che tutto (più o meno) chiarifica, Alcmena partorisce due gemelli: uno è figlio di Anfi-

trione, uno di Giove. E Anfitrione non se la prende a male, visto che il piccolo bastardo, Ercole, gli darà gloria immortale. Anzi, sul finale invita il pubblico a un applauso in onore del dio. La presa di questa storia sull'immaginario collettivo nei ventidue secoli in cui è vissuta (rielaborata nel Seicento anche da Molière) è stata poderosa. Così poderosa che la *gag* del servo che incontra uno tale e quale a lui (e che pretende di essere lui) ha dato vita a una bellissima antonomasia: il nome di quel servo, Sosia, che noi oggi usiamo come nome comune per indicare una persona così somigliante a un'altra da poter essere scambiata per essa.

E non si può non sorridere pensando che tutto questo è accaduto perché duemiladuecento anni fa un sacco di gente ha riso alle invenzioni di uno scrittore.

stacanovismo

sta.ca.no.vì.smo

S Operosità e dedizione esagerate sul lavoro.

E Dal nome di *Aleksej Grigor'evič Stachanov*, minatore russo che nel 1935 ideò un efficientissimo metodo di estrazione del carbone.

Stachanov, con la sua squadra, riusciva a estrarre cento tonnellate di carbone in meno di sei ore: bandiera e tonico per il pigro e squinternato industrialismo russo, il movimento stacanovista rilanciò massicciamente la produzione – e Stachanov divenne un eroe della patria.

Inutile dire che, be', se Stachanov moriva dalla voglia di spaccarsi la schiena per dimostrare al mondo la forza del lavoro socialista, questo anelito non era proprio condiviso da tutti – che a forza di stacanovismo si ritrovarono ancora più schiavi di prima. Così questo fervente movimento andò declinando, non senza che le sue fiamme fossero smorzate anche col sangue di chi lo osteggiava.

Oggi lo stacanovista è l'irriducibile del lavoro, priorità da anteporre a tutto: se un tempo questo era soprattutto l'esito di un male sociale che piegava il povero operaio all'alienazione e a una schiavitù di fatto, oggi lo stacanovismo è proprio anche delle élite economiche, segno di totale perdita dell'orientamento – confusione esistenzialmente tragica del mezzo col fine.

stentoreo

sten.tò.re.o

S Potente, forte, riferito alla voce umana.

E Dal nome di *Stèntore*, eroe dell'*Iliade*, araldo degli Achei, capace di gridare con una voce forte quanto quella di cinquanta uomini, con la quale poteva direttamente atterrare l'avversario.

Una voce stentorea è una voce poderosa, quando vuole solenne, d'autorità: l'etimo classico non fa che elevarla, anche se, come spesso capita, dai registri aulici può passare con disinvoltura a quelli ironici. Potrà essere stentoreo il discorso ispiratore di un sindaco o di un artista durante il festeggiamento cittadino; il religioso tuonerà, stentoreo, contro il malcostume e il compromesso etico; l'allenatore di calcio avrà bisogno di una voce stentorea per farsi sentire dall'altra parte del campo, nel frastuono del derby.

Un po' di mitologia. Chi era Stentore? Ora, be', non è questo super personaggione protagonista di mille mitiche avventure. Fa una mezza comparsa fugace nell'*Iliade* e basta – distinguendosi appunto per il suo gran vocione, tanto che il suo epiteto è «voce di bronzo». Pareva una tromba. Ci viene presentato in questo frangente: Achille, adirato con Agamennone, ha smesso di combattere, e gli Achei, senza il Pelide, in battaglia sono molto più pavidi, mentre i Troiani si sono fatti baldanzosi. La dea Era, volendo sostenere gli

Achei, prende le fattezze dello squillante Stentore, e li arringa dicendo che sono delle pappemolle, delle viole mammole e dei quaquaraquà, cercando di risvegliarne il bellicoso orgoglio. Fine.

In ultimo ci giunge notizia di una gara che Stentore volle fare con Ermes per vedere chi avesse la voce più forte. Ovviamente finì malissimo: se c'è una cosa che si impara dai miti greci è che non devi fare gare con le divinità. Mai. Sono permalose. Se vincono, tendono a uccidere chi li ha sfidati. Figurarsi quando perdono.

stillicidio
stil.li.cì.dio
S Il cadere goccia a goccia; ripetizione monotona, insistente.
E Dal latino *stillicidium*, composto da *stilla* 'goccia' e *càdere* 'cadere'.

Il gocciolare continuo, ripetitivo, monotono dello stillicidio è un'immagine suggestiva o, meglio, un suono suggestivo. Può disturbare, dar fastidio, ma anche sfibrare, angosciare. Avremo forse in mente il rigirarsi insonni fra le coperte a causa del gocciolìo notturno di un lavandino, o la celebre tortura (cinese?) delle gocce fatte continuamente cadere sulla fronte della vittima fino a portarla alla pazzia.

Figuratamente lo stillicidio diventa una progressione interminabilmente lenta che genera esasperazione. Pensiamo allo stillicidio di una guerra di trincea, allo stillicidio di un'insistente denigrazione mediatica, allo stillicidio di una lenta malattia.

Siamo abituati a collegare il suffisso *-cidio* a un'uccisione, come in *omicidio* o *fratricidio*; ma questo deriva dal verbo latino *caedo* 'uccidere', e non da *cado* 'cadere', come nel caso dello stillicidio. Ciò nonostante, al nostro orecchio l'etimo non impone una dif-

ferenza; e la sfumatura che può assumere il sentimento dello stillicidio è qualcosa di vicino a un'angoscia che stringe lentamente alla morte. La goccia che uccide.

Ricordiamo che lo stillicidio, nel lessico giuridico, è l'acqua che gronda dal tetto, e che in medicina il tempo di stillicidio è quello che impiega una puntura a non stillare più sangue.

stocastico

sto.cà.sti.co

S Aleatorio, casuale.

E Dal greco *stochastikós* 'che mira bene', 'che tende a congetturare', da *stóchos* 'bersaglio, congettura'.

Non è una parola facile: può essere usata come sinonimo di casuale, ma in ambito scientifico (in particolare matematico e fisico), dove assume dei significati più complessi. Senza calarci nello specifico, si può approssimare che in questi campi lo stocastico qualifichi modelli che descrivono situazioni dove occorre tener conto di variabili probabilistiche. In questo senso lo stocastico diventa il non deterministico, ciò che implica un margine imprevedibile di casualità.

Ad ogni modo è una parola che, fuor di scienza, ha avuto una certa diffusione in quanto è sì un sinonimo di casuale, ma appartiene a un registro elevato – e volendo essere malpensanti si potrebbe dire che parte del suo successo derivi proprio dal suo essere una parola poco intelligibile, dal fascino snob. Rispetto all'aleatorio, poi, sembra che denoti un casuale... un po' meno casuale, o quantomeno un casuale osservato con un occhio più preciso. Così si arriva a parlare di opere d'arte stocastiche quando vengono prodotte con procedimenti casuali, di algoritmi stocastici quando operano selezionando casualmente certi elementi, di danni stocastici quando alcuni effetti negativi per la sa-

lute dovuti all'esposizione a inquinamento o radiazioni avvengono casualmente, su base probabilistica.

surrettizio

sur.ret.tì.zio

S Non ben giustificato, in parte nascosto o taciuto.

E Dal latino *subrèpere* 'strisciare sotto', formato da *sub* 'sotto' e *repere* 'strisciare'.

L'etimo ci fornisce l'immagine fondamentale della parola: il surrettizio è ciò che si introduce in maniera strisciante. Che sia un concetto capzioso o incoerente che si infiltra in un'argomentazione senza farsi notare e passando per buono, che sia l'omesso da una dichiarazione dolosamente incompleta («Sono stato bocciato: l'esame era difficile...». «Ma avevi studiato?». «No») o una distrazione di fondi dal capitale di una società sull'orlo del fallimento – stornati con tale astuzia da passare del tutto inosservati – il surrettizio è ciò che tenta di insinuarsi sotto le porte, come polvere, come uno scorpione, come un verme – nemico della luce del sole.

T

tabù

ta.bù

S Divieto inviolabile e sacrale.

E Dal polinesiano *tàpu* che significa sia 'sacro' sia 'proibito', formato da *ta* 'marcare' con il rafforzativo *pu*. Passato all'inglese come *taboo* attraverso le esplorazioni di James Cook nel 1777; l'accento si è spostato sull'ultima sillaba per effetto dell'introduzione in francese come *tabou*. In ambito scientifico permane il più appropriato accento sulla prima sillaba.

È un divieto che nasce all'interno di una formazione sociale e culturale – e ogni civiltà ha i propri, anche se vi sono alcuni tabù che si osservano nella gran parte delle società umane. Sono delle proibizioni radicate in profondità, ed è impossibile scavalcarle impunemente; proibizioni che originariamente non erano che la faccia negativa della condizione di sacro: nelle civiltà del grande oceano Pacifico è culturalmente fondamentale il concetto di *mana*, la meraviglia inconoscibile e onnipresente cui è dovuto rispetto sacrale – radice originale di ogni spiritualità –, e il *tapu* altro non è che la prescrizione che dal sacro sgorga, indicando a un tempo il sacro stesso e la contaminazione da evitare, che nuocerebbe alla propria anima.

Nella nostra cultura questo significato complesso e vertiginoso si è appiattito sul *non-si-fa* del buon costume, ormai privo di una consapevolezza delle cause (se mai ve ne sono), connesso in maniera formale al

senso religioso più bigotto, e spesso slegato da ogni percezione profonda del sacro.

tarocco
ta.ròc.co
S Carta da gioco su cui appaiono allegorie; varietà di arancia; (agg.) contraffatto.
E Forse dal latino *altercare* 'contendere, disputare'.

Conosciamo i tarocchi come mezzo usato dai cartomanti per predire il futuro: in realtà, specie in passato, era un gioco di carte completo, che non consisteva solo nell'interpretare le figure. La disputa si accendeva sfruttando i diversi valori attribuiti alle carte, e dando vita a una dinamica estremamente vivace. Da qui uno dei significati più rari del verbo *taroccare*, ossia discutere, litigare. Nella storia i cartomanti non hanno mai avuto fama troppo diversa da quella di ciarlatani, e questo ha generato il significato forse più in voga che oggi ha il tarocco: il contraffatto, il finto. Sarà tarocco il prestigioso orologio Rolecs (*sic*!) venduto dall'ambulante; saranno tarocche le borse di Grucci e le scarpe Addas.

Parola molto viva in tutte le sue varianti, spesso sciupata dall'uso giornalistico, ma ricca nella consapevolezza della sua vecchia storia.

E poi sì, è una varietà di arance di Sicilia, non molto rosse, quasi ovali e di buccia sottile. Squisite e *tarocco*, non taroccate.

tautologia
tau.to.lo.gì.a
S Affermazione vera per definizione, quindi vuota d'informazione. I triangoli hanno tre lati, il bianco è chiaro, il viaggio che ti rimborsano finirà per non costarti niente.

Nei nostri mari le torpedini sono conosciute per questa loro caratteristica fin dall'antichità, quando non si capiva con che occulto potere riuscissero a colpirti, intorpidendoti. Vennero poi anche usate dai medici per anestetizzare durante interventi o per trattare dolori cronici.

Per analogia con il destino del bagnante che viene colpito dal fulmine della torpedine, in tempi più recenti e di belligeranza più tecnologica, la mina o il siluro, armi subacquee capaci di spaccare e affondare le navi, sono stati accostati proprio a questo pesce; e la nave torpediniera era proprio quella che usava questo tipo di armamenti.

Menone, eponimo del dialogo platonico sulla virtù, paragona l'abilità dialettica di Socrate a una torpedine che fa intorpidire chi le si avvicina: «infatti, veramente io ho l'anima e la bocca intorpidite e non so più che cosa risponderti».

traccheggiare

trac.cheg.già.re (io tracchéggio)

S Tergiversare, temporeggiare.

E Incerta; alcuni vogliono sia di origine fonosimbolica, altri dal latino *tràhere* 'tirare', 'trascinare'.

L'eventuale causa fonosimbolica starebbe nei suoni della parola che procedono tutto meno che fluidi, con robuste occlusive a interrompere il procedere della voce. In ogni caso il termine risulta simpatico, sensorialmente ricco, quasi colorato: quindi lo studente fuori corso se ne starà a traccheggiare in facoltà, traccheggerà chi dovrebbe prendere subito una decisione ma deciso non è, e traccheggerà lo schermidore che preferisce studiare molto bene l'avversario prima di vibrare l'affondo decisivo. Sempre detto con una sfumatura di disapprovazione e di bonario dileggio.

tralignare
tra.li.gnà.re
S Deviare, in particolare dalla tradizione familiare.
E Formato da *tra-*, che indica attraversamento, e *linea*, intendendo la linea di discendenza.

Il concetto che sta dietro a questa parola è senza dubbio un po' *rétro*, ma è così forte che spinge per trovare spazio anche in questi tempi. Ci si rifà all'idea del lignaggio, all'esistenza di una stirpe o di una tradizione familiare che accompagna verticalmente la discendenza di sangue – linea rispetto a cui ogni deviazione ha un gran peso. Il connotato della parola è inappellabilmente negativo, benché non sia sempre così nella realtà. Infatti il rampollo può tralignare tanto dalla specchiata onestà per cui erano conosciuti i suoi ascendenti, quanto dal loro essere una genìa di mascalzoni; insomma può perdere di vista dei valori positivi oppure emanciparsi da una storia oscura.

In senso lato, un artista potrà tralignare dalla propria scuola aderendo ad altri modi di fare arte, un ortaggio che cresceva al di qua del confine traligna invadendo il campo del vicino, una lingua sembrerà ad alcuni tralignare dalla propria purezza abbracciando troppe espressioni straniere – e una parola può tralignare dal proprio etimo e dalla propria storia passata acquisendo significati impropri, ancorché vitali.

transeunte
tran.se.ùn.te
S Che ha una durata limitata nel tempo, destinato a passare.
E Dal latino *trànsiens*, genitivo *transeuntis*, participio presente di *transire* 'passare'.

È un latinismo del lessico filosofico: per *transeunte* si intende l'impermanente, ciò che dura un certo

tempo, e che è destinato a perire. Il dubbio che sorge in relazione all'uso di questa parola riguarda la differenza di significato rispetto a *transitorio*. Non sono sinonimi? Al di là del diverso registro di appartenenza – transeunte sempre alto, transitorio più versatile – i due termini sono distinti da diverse sfumature di significato. Quello dell'essere transitorio è un attributo misurabile, riferito al periodo di tempo su cui si distribuisce la durata della cosa in questione: ad esempio, l'essere ospiti a casa di amici è una situazione transitoria, mentre si cerca una stanza nella nuova città; le vacanze possono essere segnate da un malanno transitorio e con jella millimetrica saremo in piedi appena finite; le novità legislative possono essere introdotte col cuscinetto di norme transitorie per facilitare la fase di passaggio. Il transeunte, invece, è un modo dell'essere, che caratterizza un ente in maniera inalienabile: si oppone al perenne, e non se ne misura l'estensione. È uno dei concetti della filosofia. Tutto ciò che conosciamo è transeunte: da saggi se ne può godere senza attaccamento; scampare alla morte ci riporta la consapevolezza della natura transeunte della vita; e si possono osservare le forme transeunti della cultura umana. *Transeunte* non è solo un parolone: è un parolone con un significatone, che è maldestro confondere con il semplicemente passeggero.

trasecolare

tra.se.co.là.re (io trasècolo)

S Restare stupito, sbalordito, meravigliarsi oltre ogni limite.

E Formato da *secolo*, che in uso ormai raro indica il mondo terreno. Quindi 'uscire dal mondo'.

L'immenso stupore può spedire la mente al di là delle lontananze conosciute, in un altro mondo. Il tra-

secolare è una meraviglia talmente enorme da far sentire fuori dal mondo reale, da perdere il contatto con esso sia pure per pochi attimi. È una parola che con le sue cinque sillabe tutte terminanti in vocale scandisce lo stupore in modo così implacabile da evocare anche fonosimbolicamente uno stato in cui non c'è più spazio per nessun altro pensiero o sentimento.

travet
tra.vèt
S Impiegato modesto e diligente, mal pagato e sacrificato sul posto di lavoro.
E Dal nome di *Ignazio Travet*, protagonista della commedia piemontese *Le miserie d'monssù Travet*, del 1863, scritta da Vittorio Bersezio.

Non è una parola che capita spesso di vedere o udire, ma la figura da cui nasce, l'impiegato Ignazio Travet, ai suoi tempi ha avuto un certo influsso sull'immaginario collettivo – quindi questo passaggio dal nome proprio al nome comune di quando in quando torna ancora utile a saggisti o giornalisti particolarmente colti.

Il signor Travet (cioè 'travetto', piccola trave) nella commedia di Bersezio è un impiegato pubblico che sul posto di lavoro subisce le vessazioni di un capoufficio che lo odia, vive la continua frustrazione di vedere cani e porci venir promossi prima di lui, e svolge compiti monotoni e ripetitivi. Ciononostante nelle proprie mansioni è diligente, puntuale, e affronta il dovere con vero spirito di sacrificio; per di più nemmeno a casa le cose per il povero Travet vanno meglio, visto che anche lì subisce maltrattamenti da parte di moglie, figli e domestica.

Così il travet diventa per antonomasia il piccolo lavoratore dipendente dedito tanto al proprio lavoro

quanto all'ingoiare rospi con modestia. Una figura che anche a centocinquant'anni di distanza dalla prima delle *Miserie d'monssù Travet* non è sparita, ma certo è divenuta più rara. Alla probità e dedizione al dovere, figlie della modestia e ben rappresentate nei ranghi delle amministrazioni ottocentesche (specie piemontesi!), si sostituisce oggi una certa arroganza. Ci sentiamo tutti dei piccoli padreterni, a cui di conseguenza tutto è permesso.

trinariciuto
tri.na.ri.ciù.to
S Poco umano, soprattutto nel senso di ottuso, condizionato.
E Termine coniato da Giovannino Guareschi, apparso sulla rivista «Candido» il 5 aprile 1947; è formato da *tri-* 'tre' e *narice*.

L'immagine del trinariciuto, cioè della persona con tre narici, viene inventata da Guareschi nell'immediato dopoguerra, nel quadro di una critica umoristica alle sinistre. La terza narice del trinariciuto non avrebbe la stessa funzione delle altre due: servirebbe infatti a far uscire il cervello, permettendo alle direttive di partito di entrare e occuparne il posto.

A distanza di quasi settant'anni, ormai in un contesto politico ben diverso da quello originale, questa desolante figura non fa certo mancare il suo apporto alla vita democratica. I trinariciuti continuano ad affollare le assemblee politiche, ottusi e prontamente allineati con le preordinate esternazioni dei leader; ingombrano gli uffici, con la testa piena di regolamenti paradossali da starnutire in faccia all'utenza, senza avere su di essi alcuna opinione; perpetuano e tramandano pregiudizi, fungendo per essi da ricettacolo naturale.

U

umbratile

um.brà.ti.le

S Ombroso; solitario, schivo; riposto, sfuggente.

E Dal latino *umbra* 'ombra', col suffisso *-atile* che indica attitudine, inclinazione.

L'ombra è metafora del male, ma anche rifugio, specie nella canicola delle settimane estive. Rispetto all'abbacinante e al rumoroso, l'umbratile si versa nella pace del silenzio e della solitudine, nel fresco che solleva e sveglia, e nello scuro che molce e allenta la contrazione dell'iride: l'umbratile è riservato e vigile come un'inafferrabile creatura del sottobosco, che fugge – forse anche scostante e scontroso – dalle socialità caotiche e dalle facili comprensioni.

Aggettivo buono, quindi, per persone e misteri, per intuizioni e animali selvatici, più negativo per gli irriducibili della convivialità promiscua, più positivo per i frequentatori delle foreste.

V

vapido

và.pi.do

S Alterato, inacidito; corrotto.

E Dal latino *vapidus* 'svanito', 'andato in aceto', 'corrotto'.

Si tratta di una parola rara, che nella nostra lingua è sempre rimasta defilata tra gerghi specialistici e registri aulici. *Vapidus*, in latino, si riferisce in particolare al vino: descrive una bevanda alterata, che si è corrotta svanendo o andando in aceto. Proprio questa tendenza all'acido è alla base degli usi della parola in chimica e in farmacia, dove indica soluzioni alcoliche che hanno perso spirito in favore della componente acida. Oggi il vapido è ciò che non ha nerbo e che ha gusto cattivo in riferimento alla sfera sensoriale, o che ha cattivo gusto in senso figurato. Si può parlare del film piuttosto vapido che abbiamo visto al cinema (eur*i* buttati!), del nuovo album del musicista famoso che è stranamente vapido, e di una storia bella, ma dal finale vapido. Anche se si tratta di un termine inconsueto, una parola che unisca l'insipido al disgustoso è un'interessante freccia al nostro arco espressivo.

velleità

vel.lei.tà

S Volontà debole e inefficace; aspirazione inattuabile.

E Dal latino scolastico *vèlleitas*, definita da san Tommaso come «volontà incompleta», dal latino *velle* 'volere'.

«Aspirazione inattuabile per incapacità», si può vedere scritto sui dizionari. E in effetti una volontà parziale può risultare insufficiente a perseguire il suo scopo, generando un'incapacità del tutto simile, nei risultati, alle grandi impossibilità di fatto, agli insormontabili ostacoli oggettivi. Sogni deboli, incerti, azioni pigre o fragili sono segni della velleità. Fare foto in bianco e nero a stilografiche su libri o a rose su pianoforti è un chiaro segno di velleità da fotografo; e sono perlopiù tragiche le crisi di mezza età che si esprimono con velleità poetiche o pittoriche: non vocazioni, ma sublimazioni di altri bisogni irrisolti, o peggio, ricerca inane di apprezzamento e prestigio. Perciò volontà incomplete e non autentiche.

La volontà di granito che schianta ogni catena – braccio erculeo della coscienza – resta la virtù di pochi, nonostante sia uno dei tratti più caratteristici e definitori dell'umano.

vellicare

vel.li.cà.re (io vèllico)

S Solleticare, stimolare piacevolmente.

E Dal latino *vellicare*, intensivo di *vèllere* 'svellere, staccare, pizzicare, strappare il pelo'.

Una parola che non capita spesso di sentire, ma che esprime un concetto comunissimo e familiare con una sensualità straordinaria. Vellicare significa solleticare sia in senso concreto, sia in senso figurato. E lo significa con una malizia, con un richiamo tattile tanto forte che il concetto stesso riesce amplificato: la mano che sfiora, che stuzzica il pelo. Quanto è più sensuale rispetto al banale solletico l'immagine della ragazza che sulla spiaggia vellica il petto del ragazzo che le piace; quanto è più astuto rispetto alla semplice adulazione il giornalista che vellica l'aspirazione

populista del politico; quanto è più esperto rispetto alla piana stimolazione il cuoco che vellica il palato. Spesso i nostri discorsi temono la sensualità, ma dominarne le sfumature apre possibilità espressive meravigliose. Dato che non mancano le possibilità per usare questa parola, e dato che il suo significato risulta comunque intuitivo, essa diventa un'interessante freccia al nostro arco.

venusto
ve.nù.sto
S Di belle forme.
E Dal latino *venustus* 'leggiadro, bello, elegante, amato o che suscita amore', da *Venus* 'Venere'.

Si tratta di una parola che avrebbe tanto da dire, ma purtroppo la sua quasi totale desuetudine fa sì che ormai non sia facile usarla in maniera disinvolta e comprensibile. Dai più viene confusa con *vetusto*, che invece significa 'vecchio' – aprendo la porta, è chiaro, a tragici malintesi.

Il venusto è innanzitutto il bello fisico, del corpo, specie femminile, rimandando direttamente alla dea della bellezza. Per estensione acquisisce una serie di significati collaterali, sempre positivi, quali leggiadria, eleganza, garbo, grazia.

L'ironia ci permette di ampliarne l'uso ben oltre la descrizione delle belle ragazze: il venusto amico che ci porta in dono buon vino di Bolgheri non è realmente leggiadro e aggraziato, ma chiamandolo così si può connotare il suo garbo in maniera ridente.

vieto
viè.to
S Vecchio, stantìo.
E Dal latino *vetus* 'vecchio'.

Le sfumature di questa pur desueta parola meritano di essere apprezzate per la loro alta espressività: il vieto è, con sfumatura di disapprovazione o addirittura di disprezzo, ciò che è antiquato, obsoleto, arroccato nel passato. Talora designa anche il materialmente rancido e lo stantìo. Ma sempre, pur nell'acre dispregio, suona signorile. E non solo; il vieto è anche il relitto, l'abbandonato, il rovinato, dimensione in cui acquisisce perfino una connotazione poetica. Ci basta volerlo dire, e sarà vieta anche l'aria di una stanza sempre chiusa. Saranno vieti i cibi mal conservati (come quando il burro ingiallisce e si crepa, o la cannella si inumidisce e perde l'aroma); saranno viete le reazioni intransigenti delle vecchie generazioni alle aspirazioni delle nuove, viete le idee che sanno di naftalina; saranno viete le grotte degli antichi eremiti, coperte di muschio, o i borghi abbandonati che costellano le nostre campagne, spettrali, marcescenti e meravigliosi.

Z

zelo

zè.lo

S Dedizione, solerzia, fervore; in poesia, passione.

E Dal tardo latino *zelus*, a sua volta dal greco *zélos* 'spirito di emulazione'.

Lo zelo è impegno assiduo, sollecito, laborioso: in sé ha la brama dell'emulazione, del voler pareggiare col massimo, del superare tutti in operosità per raggiungere un fine. Si vede perciò che è una parola dalle molte facce: può essere cifra di entusiasmo, di aderenza a un ideale, ma anche di arrivismo e ambizione. O di impegno semplicemente meritorio. In ogni caso, di fattiva applicazione a uno scopo.

Così sarà zelante il capitano dei carabinieri che si adopera senza sosta per sgominare una banda di rapinatori; il funzionario che voglia farsi notare dal superiore ostenterà zelo; con zelo si potrà studiare, e aver cura del prossimo. Non sempre l'assiduo e poetico zelo amoroso ottiene il suo scopo: spesso, si sa, in amor vince chi fugge.

È bello notare che questa parola ha la stessa origine di *gelosia*: la rabbia, l'invidia nel vedere che non siamo sempre i migliori, i più stimati da chi stimiamo, il centro dell'attenzione di chi amiamo. E anche la passione possessiva dell'amante, totale, che vede la sua amata sempre insidiata da rivali, che la vuole sempre.

Finito di stampare nel mese di ottobre 2015
presso LI.PE, San Giovanni in Persiceto (Bo)

Stampato su carta Arcoprint Milk di Fedrigoni S.p.A.,
prodotta nel pieno rispetto del patrimonio boschivo

Intersezioni

ultimi volumi pubblicati:

392. Paolo Macry, *Unità a Mezzogiorno. Come l'Italia ha messo assieme i pezzi*
393. Peter L. Berger, *Come vi spiego il mondo senza annoiarvi*
394. Telmo Pievani, *La fine del mondo. Guida per apocalittici perplessi*
395. Maria Pia Pedani, *La grande cucina ottomana. Una storia di gusto e di cultura*
396. Franco Cardini, *Gerusalemme. Una storia*
397. Sharon Zukin, *L'altra New York. Alla ricerca della metropoli autentica*
398. Luciano Vandelli, *Tra carte e scartoffie. Apologia letteraria del pubblico impiegato*
399. Remo Ceserani e Danilo Mainardi, *L'uomo, i libri e altri animali. Dialogo tra un etologo e un letterato*
400. Fernand Braudel, *Venezia*
401. Bruno Latour, *Cogitamus. Sei lettere sull'umanesimo scientifico*
402. Attilio Brilli, *Mercanti avventurieri. Storie di viaggi e di commerci*
403. Claudio Giannotto, *Giacomo, fratello di Gesù*
404. Ariel Toaff, *Storie fiorentine. Alba e tramonto dell'ebreo del ghetto*
405. Tommaso Braccini, *Indagine sull'orco. Miti e storie del divoratore di bambini*
406. Grado Giovanni Merlo, *Frate Francesco*
407. Anthony Elliott - John Urry, *Vite mobili*
408. Werner Kinnebrock, *Dove va il tempo che passa. Fisica, filosofia e vita quotidiana*
409. Carlo M. Cipolla, *Il fiorino e il quattrino. La politica monetaria a Firenze nel 1300*
410. Carlo M. Cipolla, *Uomini, tecniche, economie*
411. Stefano Pivato, *I comunisti mangiano i bambini. Storia di una leggenda*
412. Claudio Giunta, *Una sterminata domenica. Saggi sul paese che amo*
413. Marzio Barbagli, *Storia di Caterina che per ott'anni vestì abiti da uomo*
414. Rosalia Cavalieri, *E l'uomo inventò i sapori. Storia naturale del gusto*
415. Daniel Miller, *Cose che parlano di noi. Un antropologo a casa nostra*
416. Maurizio Bettini, *Elogio del politeismo. Quello che possiamo imparare oggi dalle religioni antiche*

417. Victor Turner, *Antropologia dell'esperienza*
418. Alessandro Dal Lago e Serena Giordano, *L'artista e il potere. Episodi di una relazione equivoca*
419. Fabio Mini, *I guardiani del potere. Eunuchi, templari, carabinieri e altri corpi scelti*
420. Ronald Dworkin, *Religione senza Dio*
421. Attilio Brilli, *Gerusalemme, La Mecca, Roma. Storie di pellegrinaggi e di pellegrini*
422. Paolo Apolito, *Ritmi di festa. Corpo, danza, socialità*
423. Giovanni Brizzi, *Annibale*
424. Emanuele Lugli, *Unità di misura. Breve storia del metro in Italia*
425. Paolo Legrenzi e Carlo Umiltà, *Perché abbiamo bisogno dell'anima. Cervello e dualismo mente e corpo*
426. Adriano Zamperini, *La bestia dentro di noi. Smascherare l'aggressività*
427. Franco Cardini, *Istanbul. Seduttrice, conquistatrice, sovrana*
428. Massimo Ammaniti, *Noi. Perchè due sono meglio di uno*
429. Marino Niola, *Homo dieteticus. Viaggio nelle tribù alimentari*
430. Ezio Raimondi, *Camminare nel tempo. Una conversazione con Alberto Bertoni e Giorgio Zanetti*
431. Carlo Toffalori, *Algoritmi*
432. Umberto Bottazzini, *Numeri*
433. Alberto Melloni, *Amore senza fine, amore senza fini. Appunti di storia su chiese, matrimoni e famiglie*
434. Eugenio Lecaldano, *Senza Dio. Storie di atei e ateismo*
435. Antonio Varsori, *Radioso maggio. Come l'Italia entrò in guerra*
436. Giulio Guidorizzi, *La trama segreta del mondo. La magia nell'antichità*
437. Roberto Cingolani e Giorgio Metta, *Umani e umanoidi. Vivere con i robot*
438. Vito Fumagalli, *Uomini contro la storia*
439. Marco Rizzi, *Anticristo. L'inizio della fine del mondo*
440. Gianmarco Navarini, *Mondi del vino. Enografia dentro e fuori il bicchiere*
441. Claude Lévi-Strauss, *Siamo tutti cannibali*
442. Roberto Curci, *Via San Nicolò 30. Traditori e traditi nella Trieste nazista*
443. Valerio Magrelli, *Millennium poetry. Viaggio sentimentale nella poesia italiana*
444. Alessandro Vanoli, *Quando guidavano le stelle. Viaggio sentimentale nel Mediterrane*
445. Franco Brevini, *Alfabeto verticale. La montagna e l'alpinismo in dieci parole*
446. Werner Kinnebrock, *Micro e macro. Viaggio avventuroso tra atomi e galassie*
447. Edoardo Lombardi Vallauri e Giorgio Moretti, *Parole di giornata*
448. Davide Sparti, *Sul tango. L'improvvisazione intima*